AF611422

HOMMAGE DES AUTEURS

BIBLIOGRAPHIE

DES TRADITIONS

ET

DE LA LITTÉRATURE POPULAIRE

DE LA BRETAGNE

PAR

H. GAIDOZ ET PAUL SÉBILLOT

(C'est intentionnellement et pour la commodité des citations que nous avons gardé dans ce tirage à part la pagination de la *Revue Celtique*.)

BIBLIOGRAPHIE

DES TRADITIONS ET DE LA LITTÉRATURE POPULAIRE DE LA BRETAGNE.

La Bretagne est de toutes les provinces de France celle qui a été le mieux explorée au point de vue des légendes, des coutumes, des chants populaires et des costumes, de tout ce qui constitue cet ensemble des choses populaires que les Anglais désignent par un seul mot, *Folk-Lore*, alors que nous sommes obligés d'employer plusieurs périphrases pour exprimer la même idée. Il était naturel de commencer par elle la bibliographie que nous préparons sur la France, ses colonies et les pays de langue française qui ne sont pas français politiquement.

Sous le titre de généralités, nous avons classé les livres consacrés à la fois à la partie française et à la partie bretonnante, alors même que comme Habasque ils ne s'occupent que d'un seul département. Nous avons aussi pensé qu'il était bon de signaler les ouvrages où la limite des deux langues a été tracée d'une manière non rigoureusement scientifique, — ce travail est encore à faire ; — mais pourtant de façon à ne laisser place qu'à des erreurs de quelques hectomètres.

Nous avons ensuite distingué la Basse-Bretagne ou Bretagne bretonnante et la Haute-Bretagne ou pays gallot, et chacune d'elles est l'objet d'une monographie spéciale. Celle-ci comprend : 1° les ouvrages où se trouvent des renseignements, en quantités variables, sur les mœurs et les coutumes ; 2° la liste des contes et des légendes publiés jusqu'ici soit en volumes, soit dans les journaux et les revues ; 3° les livres qui traitent des superstitions et des légendes ; 4° les poésies populaires. (Ici nous n'avons donné les titres des chansons, gwerziou ou soniou que lorsqu'ils sont en petit nombre dans des livres. Pour les recueils généraux, nous n'avons pas pensé qu'il fût nécessaire de les donner, d'autant que les titres des chansons éveillent moins que ceux des contes l'idée du sujet, parce qu'ils sont plus arbitraires); 5° l'indication des ouvrages où il est parlé de la musique bretonne; 6° les devinettes et les formulettes ; 7° les proverbes ; 8° les costumes. Enfin, pour la Bretagne bretonnante seule, nous avons signalé les pièces de théâtre inédites ou manuscrites, les livres populaires imprimés. Quant à la Bretagne française, ses livres populaires sont, à la réserve de quelques complaintes locales dont nous donnons le titre, les mêmes que ceux des autres pays de langue française; ils ne présentaient pas par conséquent le même intérêt que ceux de la Bretagne bretonnante ; ceux-ci sont un appendice naturel à sa littérature populaire.

Ceci n'est qu'un essai, et nous serons reconnaissants à ceux qui voudront bien nous signaler les erreurs ou les omissions qui s'y seraient glissées : leurs observations nous seront utiles quand ce travail paraîtra en volume.

GÉNÉRALITÉS.

LIMITES DU BRETON ET DU FRANÇAIS.

SÉBILLOT (Paul). Sur les limites du breton et du français. Broch. in-8° de 8 p. Paris, Hennuyer, 1878 — (extrait des Bulletins de la Société d'anthropologie, séance du 6 juin 1878, et accompagnant une carte linguistique exposée au Trocadéro, actuellement au musée anthropologique).

Cf. un travail additionnel du même auteur dans la *Revue celtique*, t. IV, p. 128-130 ; une discussion à la Société d'anthropologie, Bulletins, t. II (3e série, 2 janvier 1879), à propos d'une carte de la langue bretonne dressée par M. Mauricet (p. 22-31) ; une carte dressé par M. Micault d'après les renseignements fournis par l'évêché et analysée par M. de Mortillet dans les Bulletins, même année, p. 31-32 (séance du 16 janvier 1879).

GAULTIER DU MOTTAY. Géographie des Côtes-du-Nord ; OGÉE. Nouvelle édition, — indiquent à chaque article si on parle le breton ou le français ; Guyot-Jomard le fait aussi, mais moins complètement, dans sa Géographie du Morbihan ; toutefois la délimitation exactement rigoureuse est encore à tracer : les travaux cités ci-dessus n'ont point relevé village par village la limite des deux langues, ainsi que l'a fait pour le Bourg-de-Batz (Loire-Inférieure) M. Léon Bureau.

Sur le nombre approximatif des Bretons bretonnants, on peut consulter une note de M. Paul Sébillot dans la *Revue celtique*, t. IV, p. 128-130.

LEJEAN (Guillaume). Récits d'un voyageur dans la Cornouaille. *Echo de Morlaix*, 29 juillet 1874, — a étudié la limite des deux langues dans les communes de Saint-Caradec et de Saint-Guen. Habasque, Notions historiques, t. II, p. 433, note, — s'était aussi occupé de la première de ces communes. Il y a aussi, t. Ier, p. 110 et suiv., quelques renseignements sur les limites des deux langues.

Sur la géographie de la langue bretonne, on peut aussi consulter l'abbé MAHÉ, Essai sur les antiquités du Morbihan. Vannes, 1825, in-8°. Aurélien DE COURSON, Cartulaire de Redon, Prolégomènes, p. XC. LA VILLEMARQUÉ, Introduction au dictionnaire français-breton de Legonidec, p. XX. GUIBERT, Ethnologie armoricaine, octobre 1867. Saint-Brieuc, 1868. LA BORDERIE, Sur la distinction en Haute et Basse-Bretagne, Congrès archéologique de Nantes (1856), p. 21. — Et sur la limite des dialectes bretons, HAMONIC, Préface du dictionnaire français-breton de Troude. Brest, Lefournier, 1869, et SÉBILLOT, ouvrage cité.

« Selon M. de Romieu, sous-préfet de Quimperlé, on peut mesurer combien de lieues la langue bretonne perd dans un certain nombre d'années. Voy. aussi les ingénieux articles qu'il a insérés dans la *Revue de Paris*. » (Michelet, *Histoire de France*, t. II, p. 21, n.)

OUVRAGES COMMUNS AUX DEUX BRETAGNES.

OGÉE (J.-B.). Dictionnaire historique et géographique de la province de Bretagne, dédié à la nation bretonne. Rennes, Vatar, 1778-1780, 4 vol. in-4°.

— Dictionnaire historique et géographique de la province de Bretagne par Ogée, nouvelle édition revue et augmentée par MM. Marteville et P. Varin. Rennes, 1843-53, 2 vol. gr. in-8°.

DELAPORTE. Recherche sur la Bretagne. Rennes, 1819-23, 2 vol. in-8°.

HABASQUE. Notions historiques, géographiques, statistiques et agronomiques sur les Côtes-du-Nord. Saint-Brieuc, 1832-36, 3 vol. in-8°.

SOUCHET (abbé). Lettre à M. Habasque, auteur des Notions historiques, etc., sur le littoral des Côtes-du-Nord. Saint-Brieuc, Prudhomme, 1837, in-8° de 16 p.

MÉRIMÉE (P.). Notes d'un voyage dans l'Ouest de la France. Paris, Fournier, in-8° 1836.

TAYLOR et NODIER. Voyage pittoresque et romantique dans l'ancienne province de Bretagne. Paris, s. d., 2 vol. gr. in-folio, pl.

CHATEAUNEUF (DE) et VILLERMÉ. Rapport d'un voyage fait dans les cinq départements de la Bretagne en 1840 et 1841. Paris, 1843, in-fol.

PITRE-CHEVALIER. La Bretagne ancienne et moderne. Paris, Coquebert, 1844, gr. in-8°, fig.

Nouvelle édition refondue. Didier, 1858, in-8°.

Janin (J.). La Bretagne historique, pittoresque et monumentale. Paris, Bourdin, 1844, grand in-8°, gravures.

Autres éditions. Garnier, 1862, etc.

Cayot-Delandre. Le Morbihan, son histoire et ses monuments. Vannes, Cauderan, 1847, in-8°.

Le Pelletier (de la Sarthe). Voyage en Bretagne, illustré de vues prises sur les lieux. Le Mans, gr. in-8°, 1853.

Bretagne (la) contemporaine, sites pittoresques, monuments, costumes, scènes de mœurs, histoires, légendes, traditions et usages des cinq départements de cette province, dessins d'après nature par Félix Benoist, texte par MM. Aurélien de Courson, Pol de Courcy, Gaultier du Mottay, etc., avec une introduction historique par M. A. de la Borderie, et un épilogue sur la poésie bretonne par M. de la Villemarqué. Nantes, Charpentier, 1855, in-folio (souvent relié en 3 volumes).

Les planches consacrées à la Loire-Inférieure sont au nombre de 27, l'Ille-et-Vilaine a 26 pl., les Côtes-du-Nord 28, le Morbihan 28, le Finistère 54.

Jollivet (B.). Les Côtes-du-Nord; histoire et géographie de toutes les villes et communes du département. Guingamp, Jollivet et Rouquette, 1855-1861, 5 in-8°.

Violeau (Hippolyte). Pèlerinages de Bretagne (Morbihan). In-12. Paris, Bray, 1855.

La Borderie. Droits et usages curieux de la féodalité en Bretagne, dans l'Annuaire historique et archéologique de la Basse-Bretagne. Année 1861 (Rennes et Paris), p. 183-196.

Loudun (Eugène). La Bretagne, paysages et récits. Paris, Brunet, 1862, in-12.

Jéhan de Saint-Clavien (L.-F.). La Bretagne, esquisses pittoresques et archéologiques. In-8°. Tours, Cattier, 1863.

Courcy (Pol de). De Nantes à Lorient, à Saint-Nazaire et à Rennes, itinéraire descriptif et historique. Paris, Hachette, 1863, in-18.

Dr Fouquet. Guide des archéologues dans le Morbihan. Gr. in-18. Vannes, Cauderan, 1864; Galles, 1874.

Courcy (Pol de). De Nantes à Brest et à Saint-Nazaire. Paris, Hachette, in-18, 1865.

Max Radiguet. A travers la Bretagne. Souvenirs et paysages. Paris, Michel Lévy, in-18, 1865.

Barbé (Me C.). La Bretagne. Rouen, 1866.

Rosenzweig (L.) Les fontaines du Morbihan. — Dans les Mémoires lus à la Sorbonne dans les séances extraordinaires du Comité impérial des travaux historiques et des sociétés savantes, tenues les 4, 5 et 6 avril 1866. — Archéologie. — Paris, 1867, in-8°, p. 235-244.

Mélanges historiques, littéraires, bibliographiques, publiés par la Société des bibliophiles bretons. Nantes, 1878 et années suiv., in-8°.

JOANNE. Itinéraire général de la France. Bretagne. 2° éd. Paris, Hachette, 1881, in-12 de XXXII-639 p.

LUZEL. Les fées des houles, les Morganed de l'île d'Ouessant et les Femmes cygnes. (*Bull. de la Soc. archéol. du Finistère*, t. IX (1882), p. 66-103.)

COSTUMES.

Galerie armoricaine. Costumes, vues pittoresques de la Bretagne, accompagnés d'un texte sur les costumes et les mœurs et usages de la Bretagne, etc. Nantes, Charpentier, in-folio.

L'ouvrage comprend 26 livraisons, composées chacune de quatre costumes dessinés d'après nature et lithographiés par Hippolyte Lalaisse; il y a des livraisons coloriées.

Costumes pittoresques de la France — (Pontivy, Guérande. 2 grav.; texte signé K). (*Musée des Familles*, t. I, 1839, p. 360-361.)

MUSIQUE.

BOURGAULT-DUCOUDRAY. Mélodies populaires de la Bretagne. Cours professé au Conservatoire national. (*Le Ménestrel*, 4, 11, 18, 25 déc. 1881, et *Revue de Bretagne et de Vendée*, janvier et février 1882.)

HAUTE-BRETAGNE.

PATOIS GALLOT.

LEGONIDEC. Extrait du Glossaire breton, ou recueil des expressions vicieuses, surannées ou rustiques usitées dans la ci-devant province de Bretagne. (*Mém. de la Soc. des Ant.*, t. IV, 1823, p. 322-337.)

LEMIÈRE DE CORVEY (J.-F.-A.). Liste alphabétique de quelques mots en usage à Rennes, avec les différentes tournures de phrases en usage dans ce pays. (Société des Antiquaires de France, t. VI, 1824, p. 235-72.)

Se compose de deux cents mots environ. — Il existe un tirage à part.

SÉBILLOT (Paul). Essai sur le patois gallot, b och. in-8° de 21 pages (extrait de la *Revue de linguistique*, janvier 1879).

Il a été fait plusieurs glossaires de ce patois, dont aucun n'a été publié jusqu'ici.

Feu Hamonic avait recueilli en diverses parties de la Bretagne 1500 mots environ. Son manuscrit a été perdu ou égaré après sa mort; mais il l'avait communiqué à M. Sébillot. Celui-ci prit note des mots, au nombre de 400 environ, qu'il n'avait pas trouvés personnellement ; une forte partie de ces mots avaient été recueillis dans la partie française du Morbihan et dans la Loire-Inférieure.

M. Coulabin, officier d'artillerie en retraite à Rennes, a un glossaire gallot manuscrit.

Enfin M. Paul Sébillot a recueilli 5000 mots environ dans les Côtes-du-Nord et dans l'Ille-et-Vilaine. Ce glossaire, complété par des notes prises par M. Émile Ernault sur la limite du breton et du français, paraîtra en 1883.

TRADITIONS, MŒURS ET USAGES.

LAVALLÉE. Voyage dans le département de l'Ille-et-Vilaine. 1794, in-8°, carte.

Voyage dans la Loire-Inférieure, 1795, in-8°, carte.

BORIE. Statistique du département d'Ille-et-Vilaine. Paris, an IX, in-8°.

HUET DE COETLIZAN. Statistique du département de la Loire-Inférieure. Paris, an X (1802), in-8°. Nouvelle édition, 1804, in-4°.

PEUCHET. Statistique du département d'Ille-et-Vilaine. Paris, 1810, in-4°.

ID. Statistique du département de la Loire-Inférieure. Paris, 1810, in-4°.

MORLENT. Précis sur Guérande, le Coisic et leurs environs. Nantes, 1819.

POIGNAND. Antiquités historiques et monumentales à visiter de Montfort à Corseul, par Dinan, et au retour, par Jugon, avec addition des antiquités de Saint-Malo et de Dol, étymologies et anecdotes relatives à chaque objet. Rennes, Duchesne, 1820, in-8°.

RICHER. Description des bords de l'Erdre. Nantes, 1820.

Parle de la légende de Barbe-Bleue.

GIRAULT DE SAINT-FARGEAU. Histoire nationale et Dictionnaire géographique de toutes les communes du département d'Ille-et-Vilaine (avec cartes, costumes, etc.). Paris, Baudouin, 1829, in-8°.

ID. Loire-Inférieure.

Caillo (jeune). Notes sur le Croisic. Nantes, Forest, 1842, in-8° de 284 pages.

Ducrest-Villeneuve. Château (le) et la commune. Histoire bretonne. La Gacilly, Morbihan, par E. D. V. Rennes, Molliex, 1842, in-12, 2 vues et 1 portr.

Chevas. Notes historiques et statistiques sur l'arrondissement de Paimbœuf. Nantes, 1852, in-8°.

Souvestre. Les derniers paysans.

Les récits, III. Les Bryérons et les Sauniers, VII. Les Boisiers, donnent des détails sur les croyances, les coutumes et les superstitions d'une partie de la Loire-Inférieure.

Jeannel (C.). Aboyeuses (les) de Josselin. Excursion en Bretagne au mois de mai 1855. In-12. Rennes, Catel.

Bizeul. De Rezay et du pays de Rais. Nantes, Guéraud et Cie, 1857, in-8°, 112 p. (extr. de la *Revue des prov. de l'Ouest*).

(E. Ducrest de Villeneuve). Guide itinéraire, historique et statistique du voyageur en Bretagne. Première partie, Ille-et-Vilaine, par M. E. D. V. Rennes, Oberthur, in-18.

Robidou (B.). Histoire et panorama d'un beau pays, ou Saint-Malo, Saint-Servan, Dol, Dinan. Saint-Malo, Coni ; Dinan, Bazouge. 1re éd., in-8°, 1853 ; 2e, in-4°, 1861.

Annuaire dinannais pour 1860, publié avec le concours de plusieurs écrivains et archéologues du pays ; suivi du Guide du touriste à Dinan ou Promenade à travers la ville et ses environs. In-18. Dinan, Huart.

Desmars (J.). Redon et ses environs. Redon, Guihaire, 1869.

Id. La presqu'île guérandaise. Redon, 1869, in-18.

Album dinannais. Souvenirs de Dinan, sites, monuments, ruines, paysages, histoire, par J. Bazouge. Avec 6 lithographies par Deroy. In-4°. Dinan, Bazouge.

Danjou de la Garenne. Statistique des monuments celtiques de l'arrondissement de Fougères. (Mém. de la Société archéologique d'Ille-et-Vilaine, année 1862, p. 28-83.)

Maupillé (L.). Notices historiques et archéologiques sur les paroisses du canton d'Antrain. (Ibid., t. VI, p. 140-242.)

Id. Notices historiques et archéologiques sur les paroisses des deux cantons de Fougères. (Ibid., t. VIII, p. 213-409.)

Id. Notice sur les paroisses du canton de Louvigné-du-Désert. (Ibid., t. XI, p. 257-379.)

Guillotin de Corson. Statistique historique et monumentale du canton de Redon. (Ibid., t. XII, p. 1-118.)

Maupillé (L.). Notices sur les paroisses du canton de Saint-Brice. (Ibid., t. XIII, p. 221-318.)

Theuvenot. Note sur quelques monuments anciens de la Manche, de l'Ille-et-Vilaine et de la Haute-Saône. Tours, Bouzerez, in-8° de 11 p. (Extrait des comptes-rendus de la Société franç. d'arch., Congrès du Mans et de Laval, 1878.)

Sébillot (Paul). Traditions, superstitions et légendes de la Haute-Bretagne. Maisonneuve, 1879, in-8° de 41 p. (Tirage à part de la *Revue de linguistique*, t. XIII, janvier 1880).

Id. Les oiseaux sauvages de la Haute-Bretagne. (*Revue de linguistique*, t. XIV, p. 1-19.)

Id. Les poissons de mer, proverbes, formulettes, superstitions. In-8° de 15 pages. (Tirage à part de la *Revue de linguistique*, t. XIV.)

Ernoul de la Chenelière. Inventaire des monuments mégalithiques du département des Côtes-du-Nord. Saint-Brieuc, Guyon, 1881, in-8°. (Tirage à part des Mémoires de la Société d'émulation des Côtes-du-Nord, année 1881.)

La Borderie (Arthur de). Saint-Lunaire, son histoire, son église, ses monuments (avec 10 planches). Rennes, J. Plihon; impr. Catel. 1881, gr. in-8° de 47 p.

Id. Galerie bretonne, historique et littéraire. 1881, in-12. Sommaire: Saint-Lunaire. — Anne de Bretagne. — Bataille d'oiseaux. — Vieux conte rennais. — La poésie de Noël en Bretagne...

Sébillot (Paul). Traditions et superstitions de la Haute-Bretagne. Paris, Maisonneuve, 1882, 2 vol. in-12 elzévir.

Première partie. — L'homme, les esprits et les démons. Chap. Ier. Les monuments préhistoriques. II. Le culte des pierres, des arbres et des fontaines. III. Les fées. IV. Les lutins. V. Le diable. VI. Les superstitions de la nuit. VII. Les revenants. VIII. Les sorciers et les loups-garous. IX. Dieu et la vierge. X. Les saints et les moines. XI. Les souvenirs historiques.

Seconde partie. — Chap. Ier. Les mammifères domestiques. II. Les mammifères sauvages. III. Les oiseaux domestiques. IV. Les oiseaux sauvages. V. Les reptiles. VI. Les poissons. VII. Les insectes. VIII. Les arbres. IX. Les Plantes. X. Les Météores.

Orain (A.). Géographie de l'Ille-et-Vilaine. Rennes, 1882.

CONTES POPULAIRES.

Fouquet (le Dr Alfred). Légendes, contes et chansons populaires du Morbihan. Vannes, A. Cauderan, 1857, in-12 de 180 p., avec musique des chansons.

Les légendes du Morbihan, recueillies pour la plupart en pays gallot, contiennent vingt-sept récits dont voici les titres : le Meunier qui jette des sorts, la Borne, la Jument du diable, la Légende de Rieux, le Trésor de Kerbihan, le Douanier emporté par le diable, le Pommier de misère, Saint Jugon, les Follets et les vieilles filles, Apparition de Noël, le Follet du château de Callac, la Drague de Sérent, les Aboyeuses, la Fil uière de nuit, les Sept Saints, Saint Gobrien, la Légende du sire de Garo Kergornet, les Lutins du château de Coetbo, Alice de Quinipilly, le Plus grand saint du paradis, la Messe du fantôme, un Sorcier de Loyat, le Revenant du Châtellier, la Légende de Kerleau, Clémence de Cancoët, Comment Kernascleden fut bâti.

Voir la note de la partie bretonnante.

DULAURENS DE LA BARRE. Les veillées de l'Armor, récits populaires des Bretons. Vannes, Lamarzelle, 1857, in-18.

Deux des contes qui le composent : le Pêcheur de Konkored et les Korigans de Tréhorenteuc, ont été recueillis en pays gallot.

Fantômes bretons. — (Voir la Basse-Bretagne.) Ravage, le garde-chasse du diable ; conte de la Loire-Inférieure.

D'AMEZEUIL. — (Voir la Basse-Bretagne.) Récits bretons.

Quelques légendes recueillies en pays gallot : le Moulin du diable, le Pilous de nuit, une Mésaventure de messire Guillaume.

CERNY (Mme Elvire DE). Saint-Suliac et ses traditions ; Dinan, Huart, 1861, in-8° de 95 p. et 1 p. d'errata.

Il contient quatorze contes dont voici les titres : les Anes de Rigourdaine, la Guivre, la Fée du Bec du Puy, Plainte d'une maison de la rue Besnier, le Lièvre à Campion, le Cierge, les Trois mortes, le Terreneuvat noyé, le Vicaire, Jeanne Malobe, la Jeune fille du cimetière, les Fées de la Rance, la Mare et le Bugle de Saint-Coulman, la Dent de Gargantua.

L'auteur a quelque peu brodé sur le fond populaire ; il y a ajouté des descriptions et des réflexions personnelles, et ne s'est pas assez effacé derrière ses conteurs. Le fond des récits est cependant populaire, et la lecture de ce petit livre, facilement écrit, est attrayante. Saint-Suliac, le lieu où ces récits ont été recueillis, est un bourg de l'Ille-et-Vilaine, bâti au bord de la Rance, dans une situation pittoresque.

KERMIN (R.). Rieux et Redon, légende. (*Conteur breton*, 2e année, 1865-66, p. 213.)

ORAIN (A.). Les deux noix. (*La Semaine des enfants*, 1866, n° 690.)

La Grenouille verte. (Ibid., 1867, n° 834.)

Les Korigans. (Ibid., 1868, n° 913.)

Fleur d'épine. (Ibid.)

La Fée des houx. (Dans la *Jeunesse bretonne*, 1868-1869.)

Petit-Jean. (*La Semaine des enfants*, 1869, n° 1001.)

La Mare à la fiancée. (Ibid., n° 1028.)

La Levrette blanche. (Ibid., 1870, n° 1142.)

Le Sifflet merveilleux (récit du braconnier). (*Revue de Bretagne et de Vendée*, 1870.)

GUILLOTIN DE CORSON. Récits historiques, traditions et légendes de l'arrondissement de Redon. Redon, 1870, in-18.

Contient par ci par là des légendes, mais non racontées populairement : légende de saint Melaine, p. 19. Le blé qui revient dans le grenier, p. 75. La légende du Gourmalon, p. 99. La vierge d'Anast, p. 144. La dame et la pie, p. 177.

ORAIN (A.). Jean l'Hébété. (*La Semaine des enfants*, 1871, n° 1157.)

Jean Sans Peur. (Ibid., n° 1188.)

Le Rocher d'Uzel (récit du batelier). (*Revue de Bretagne et de Vendée*, 1871.)

L'âne qui fait de l'or. (*La Semaine des enfants*, 1872, n° 1224.)

Le Chemin du Paradis. (Ibid., n° 1252.)

L'eau qui danse, la pomme qui chante et l'oiseau qui dit tout. (Ibid., n° 1236.)

La légende du rouge-gorge. (*La poupée modèle*, 1872.)

La chèvre blanche et ses deux biquets. (Ibid.)

Jacques Robert à la porte du paradis. (*La Semaine des enfants*, 1873, n° 1299.)

Le crapaud qui se marie. (Ibid., 1874, n° 1318.)

Les trois frères. (Ibid., n° 1320.)

Les trois chevaliers de la Belle Étoile. (Ibid., n° 1335.)

Mirlificochet. (Ibid., n° 1345.)

La Mare à la fiancée (récit du tailleur). (*Revue de Bretagne et de Vendée*, 1874.)

La couronne du roi Hoël III. (Ibid.)

Le meunier du Boël. (*La Semaine des enfants*, 1875, n° 1375.)

Le géant de la forêt de Brocéliande. (Ibid., n° 1382.)

Ver de terre, poussière de mes mains, ombre de mes moustaches. (Ibid., n° 1401.)

Sainte Ouenna (récit de la gardeuse de vaches). (*Revue de Bretagne et de Vendée*, 1875.)

Le rouet enchanté. (*La Semaine des enfants*, 1876, n° 1422.)

Jean de l'Ours, Tord-Chêne, Pousse-Montagne et Bras de Fer. (Ibid., n° 1445.)

La médaille de sainte Anne (légende bretonne). (*Revue de Bretagne et de Vendée*, 1876.)

DUMERSAN. Mistigris, conte breton de Ploërmel. (*Le Soleil*, 27 nov. 1877.)

LAURENT (Ch.-M.). L'amour en Prusse. Paris, Ghio, 1878, in-18. Contient un conte gallot, p. 299; c'est une variante de Jean le fin et Jean le fou, contes populaires de la Haute-Bretagne, nº 35.

GOUDÉ (l'abbé). Histoire et légendes du pays de Châteaubriant, promenades aux environs, monuments civils et religieux, antiquités et curiosités, par l'auteur de l'histoire de Châteaubriant. Châteaubriant, 1879, in-8°.

Contient quelques légendes : la Bête de Béré, p. 33. Ravage ou le garde-chasse du diable, p. 223. La Tombe à la fille, p. 352. L'âme damnée du sire de Coetenfao, p. 354.

ORAIN. La boursée d'or. (*La Poupée modèle*, 1879.)

SÉBILLOT (Paul). Contes populaires de la Haute-Bretagne, 1 volume in-12 de XII-360 p. Paris, Charpentier, 1880.

I. Les Féeries et les Aventures merveilleuses. (1 le Petit roi Jeannot; 2 la Bergère des champs; 3 le Taureau bleu; 4 la Houle de Chêlin; 5 les Cornes enchantées; 6 le Capitaine Pierre; 7 les Trois dons; 8 les Quatre fils du meunier; 9 le Géant aux sept femmes; 10 la Houle de la Corbière; 11 Jean Sans Peur; 12 la Fève; 13 la Princesse aux pêches; 14 l'Oiseau bleu; 15 la Fille aux bras coupés; 16 les Galants dupés; 17 l'Enfant de la fée; 18 le Roi des poissons; 19 la Perle; 20 le Mariage de Jean le Diot; 21 les Bas enchantés; 22 la Fée et le marin; 23 la Dédaigneuse punie; 24 la Couleuvre; 25 la Princesse Dangobert; 26 la Fille et ses sept frères; 27 Césarine; 28 le Pilote de Boulogne; 29 l'Enfant vendu au diable; 30 le Chien capitaine; 31 la Demoiselle en blanc.)

II. Les Facéties et les bons tours. (32 le Fin larron; 33 Jean le Diot; 34 Comment il arriva malheur à Jean le Diot; 35 Jean le Fin et Jean le Fou; 36 D'un vieux cheval et d'une vieille femme; 37 le Voyage des Jaguens à Paris; 38 Comment les Jaguens allèrent voir le roi; 39 le Fils du roi de France et le Jaguen; 40 le Recteur volé; 41 le Diable attrapé).

III. Les diableries, sorcelleries et histoires de revenants. (42 le Pacte; 43 la Messe du fantôme; 44 les Femmes et le Diable; 45 le Sorcier; 46 le Matelot Jean-Jacques; 47 le Loup-Garou; 48 Rodomont, 49 le Drap mortuaire; 50 le Diable ménétrier; 51 les Chats sorciers; 52 la Danse des chats.)

IV. Contes divers. (53 Saint Pierre en voyage; 54 la légende de saint Mauron; 55 la Mort du rat; 56 le Loup et le Renard; 57 le Chat; 58 la Petite brebiette blanche; 59 le Merle et le Renard; 60 les Souliers rouges; 61 Elisabotte; 62 le Voleur de crêpes; 63 la Légende de saint Lénard; 64 Vadoyer; 65 les Trois violoneux en Paradis; 66 la Petite fille dans un puits.)

Articles de M. de Gubernatis dans la *Nuova Antologia*, juin 1880; André

Lefèvre, *République française*, 6 juillet 1880 ; Gaston Paris, *Romania*, 1880, p. 328-330 ; A. d'Ancona, *Rassegna settimanale*, 22 août 1880 ; A. Fleury, *Journal de Saint-Pétersbourg*, 8 (20) septembre 1880 ; A. Theuriet, *Le Parlement*. 20 septembre ; Luzel, *Revue celtique*, janvier 1881 ; de Puymaigre, *Le Monde*, 5 janv. 1881 ; Lang, *St James' Gazette*, 14 mars 1881.

ORAIN (A.). Jeanne l'Hébétée. (*La Poupée modèle*, juillet 1880.)

SÉBILLOT (Paul). Les Jaguens en voyage. (*La Bretagne artistique et littéraire*, t. I, n° 2, p. 80-89.)

ID. La Goule ès Fées (en patois). (Ibid., n° 3, p. 133-135.)

MONNIER (Edouard). Le fossoyeur de Saint-Saturnin, légende nantaise. (Ibid., t. II, p. 49-52.)

SÉBILLOT (Paul). Littérature orale de la Haute-Bretagne. Paris, Maisonneuve, 1881. In-12 elzévir de XII-400 p.

La première partie contient des spécimens, au nombre de 44, des contes populaires en Haute-Bretagne.

I. Les féeries et les aventures merveilleuses. *a*) Contes à apparences locales. § 1. Légendes des Houles. 1 la Houle de la Corbière ; 2 la Houle de Poulifée ; 3 la Goule-ès-fées ; 4 la Houle Cosseu. § 2. Autres contes de fées. § 3. Gargantua en Haute-Bretagne : la Dent de Gargantua. *b*) Contes de fées qui ne se passent pas dans un lieu déterminé du pays. — § 1. Contes qui présentent des analogies avec ceux de Perrault. 1 Barbe-Rouge ; 2 la Pouilleuse. — § 2 Contes divers de fées et d'enchantement. 1 le Merle d'or ; 2 Jean le Laid ; 3 Peau d'Anette. — § 3. Contes des géants et des hommes forts : Jean de l'Ours.

II. Les facéties et les bons tours : les Jean le Diot. 1 le Garçon sans idée ; 2 Jean le Fou ; 3 les Boutons d'or ; 4 C'est nous autres messieurs ; 5 le Fin voleur ; 6 le Navet ; 7 le Prêtre qui n'a pas de chance ; 8 la Coquette et ses bons amis ; 9 les Trois dons ; 10 les Trois balais ; 11 le Fermier et son domestique.

III. Les diableries. sorcelleries et histoires de revenants. — § 1. Les diableries. 1 la Coquette et le diable ; 2 le Diable danseur ; 3 Misère. — § 2. Les lutins et les sorciers. 1 le Faudeur ; 2 le Mouton sorcier ; 3 les Sorciers. — § 3. Les revenants. 1 la Messe du fantôme ; 2 le Linceul promis ; 3 les Deux fiancés ; 4 le Revenant de la Garaye ; 4 la Lavandière des Noes Gourdais.

IV. Contes divers. — § 1. Contes de saints et de l'autre monde. 1 Saint Antoine portier du paradis ; 2 la Fève. — § 2. Contes d'enfants. 1 les Trois frères ; 2 les Petits souliers rouges ; 3 le Sifflet qui parle ; 4 la Robe de beurre ; 5 le Rat et la Râtesse. § 3. Fables et contes d'animaux. 1 le Colimaçon et le Renard ; 2 les Loups ; 3 la Chèvre.

V. Contes des marins et des pêcheurs. 1 Jean de l'Ours ; 2 les Jaguens à l'auberge.

Articles de d'Ancona (*La Rassegna settimanale*, 24 avril). O. de Goureuff (*Revue de Bretagne et de Vendée*, mai 1881). *Notes and Queries*, 6 août 1881. A. de Gubernatis (*Nuova Antologia*, 1er mars 1881) R. Kœhler (*Literarisches*

Centralblatt, 10 décembre). Guiseppe Pitrè (*Archivio per lo studio delle tradizioni popolari*, janvier 1882). Liebrecht (*Germania*, 1882, p. 228-233).

ORAIN (Ad.). Une excursion dans la forêt de Paimpont. Rennes, 1880. In-8°, 48 p.

Contient un conte : La Bûche d'or.

LAGNEAU. Guide du Casino de Dinard. In-32. Saint-Malo, 1880. Deux contes :

La Goule-ès-Fées. — Légende de la Garaye.

SÉBILLOT (Paul). Contes des paysans et des pêcheurs. Paris, Charpentier, 1881, in-18 de XVI-344 p.

I. Les fées des houles et de la mer. — 1 la Houle du Châtelet ; 2 la Seraine de la Fresnaye ; autre version de la Seraine ; 3 la Houle de la Teignouse ; 4 le Pain des fées et l'œil de cristal ; 5 la Houle Saint-Michel ; 6 la Fleur du rocher ; 7 la Houle de Chêlin (2e version) ; 8 la Poule noire ; 9 le Pertus ès Fêtes ; 10 la Houle du Grouin ; 11 les Fées du Guildo ; 12 l'Homme de mer ; 13 les Fées de Lûla ; 14 la Houle de Beauçais ; 14 *bis* la Houle de Saint-Briac ; 15 l'Enfant changé ; 15 *bis* l'Enfant des fées ; 16 le Marsouin ; 17 la Danse des fées ; 18 la Houle du Longval ; 19 les Fées du Port Blanc ; 20 la Mort des fées.

II. Les féeries et les aventures merveilleuses. — 21 la Fée de Créhen ; 22 la Princesse Félicité ; 23 les Petites coudées ; 24 le Corps sans âme ; 25 l'Enfant qui entend le langage des bêtes ; 26 Petite Baguette ; 27 les Sept garçons et leur sœur ; 27 *bis* les Sept garçons et leur sœur (autre version) ; 28 le Pillotous ; 29 le Petit mouton Martinet ; 30 le Roi des crapauds et la reine des grenouilles ; 31 Cendrouse ; 32 le Présent de la fée ; 33 les Bœufs des fées ; 34 l'Enfant qui va chercher des remèdes ; 35 le Berger qui épousa la fille du roi ; 36 la Belle-Mère ; 37 le Pertus doré ; 38 Point du Jour ; 39 la Fille aux bras coupés ; 40 le Bœuf d'or ; 41 la Vieille qui veut rajeunir ; 42 la Chèvre blanche.

III. Les facéties et les bons tours. — 43 Jeanne la Diote ; 44 l'Instruction et le jugement ; 45 Saint Dénigé ; 46 Janvier et Février ; 47 Et moi aussi ; 48 la Citrouille ; 49 Celui qui coupa la tête d'un Jean.

IV. Les diables, les sorciers et les lutins. — 50 le Bélier courant et la Bergère aux champs ; 51 le Meneur de loups ; 52 Misère ; 53 la Charrette moulinoire ; 54 le Doreur et le Diable ; 55 le Fersé ; 56 le Pacte ; 57 Bénédicité ; 57 *bis* le Reçu ; 58 la Grange du diable ; 59 les Sorciers de Knéa ; 60 les Chats-Sorciers et les Bossus.

V. Contes d'animaux et petites légendes. — 61 Moitié de coq ; 62 les Boucs de Saint-Brieuc des Iffs ; 63 les Trois petites poules ; 64 l'Homme dans la lune ; 65 la Mauvaise étoile ; 66 la Chèvre de Trigavou ; 67 le Biniou ; 68 la Biquette et ses petits Biquions.

Comptes-rendus principaux. J. Fleury (*Journal de Saint-Pétersbourg*, 3-15 juillet 1881). A. de Gubernatis (*Nuova Antologia*, 1er juin 1881). A. Theuriet (*Le Parlement*, 27 juin 1881). A. Machado y Alvarès (*Revista Illustrada*, août).

A. Lefèvre (*Le Réveil*, 25 novembre 1881). Cte de Puymaigre (*Le Monde*, 10 décembre 1881).

HAMONIC (E.). Le moine amoureux. S. l. n. d. (1882). In-12 de 20 p. non chiffrées.

Imprimé par l'auteur lui-même, et non mis dans le commerce.

ORAIN (A.). Jeanne l'Hébétée, illustré. (*La Mère Gigogne*, almanach de la *Poupée modèle*.)

SÉBILLOT (Paul). Contes des marins. Paris, Charpentier, 1882, in-18.

I. Les aventures merveilleuses. 1 le Cordon enchanté ; 2 le Crapaud à bord ; 3 la Rose ; 4 Tribord-Amures ; 5 les Fées de la mer et les marins ; 6 le Prince Ivrogne ; 7 le Bateau qui va sur terre comme sur mer ; 8 le Petit marin ; 9 Jean le Teignous ; 10 le Cordon de la fée ; 11 la Houle du Vâlé ; 12 Jean des Merveilles ; 13 la Belle aux clés d'or ; 13 *bis* Petit-Jean ; 14 Blanche Neige ; 15 le Grand Coquelicu ; 16 Jean de Calais ; 17 les Douze pairs de France, le grand prince et le petit soldat ; 18 le Château suspendu dans les airs ; 19 le Pilote de mer ; 20 la Sirène ; 21 Jean le soldat ; 22 le Grand géant Grand-Sourcil.

II. Les vents. — 23 l'Origine des vents ; 24 Norouâs ; 24 *bis* Norouâs ; 25 Surouâs ; 26 Suète ; 27 Nord-Est ; 28 Comment le bonhomme Gonnevé tr[illegible] Nord-Est ; 29 la Bonne femme qui tua Suète.

III. Les joyeuses histoires des Jaguens. — 30 le Bon Dieu de Saint-Jacut ; l'Oie de Saint-Quay. 32 le Vœu ; 33 le Calvaire ; 34 les Trois jeûnes ; 35 les Jaguens chez le roi ; 36 l'Ane ; 37 la Vache délalaisée ; 38 la Bataille des Bourdineaux.

IV. Les facéties. — 39 Galette de biscuit et quart de vin ; 40 le Galetier pris à la ligne ; 41 Mailloche à fourrer ; 42 les Pêcheurs de Fécamp.

V. Les diables, les sorciers et les revenants. — 43 Mathurin ; 44 le Diable laboureur et marin ; 45 l'Équipage révolté ; 46 le Navire du diable ; 47 Mercredi ; 48 le Saint-Marquand ; 49 le Diable à bord de la frégate ; 50 Pierrot. 51 le Capitaine sous la protection du diable.

VI. Fables et petites légendes. — 52 les Rats et les Souris ; 53 le Roué de mer et la fée ; 54 le Roué de mer et le homard ; 55 le Roi des Maquereaux et le roi des Brêmes ; 56 la Poule de mer ; 57 le Ricardeau et le Coulieu ; 58 Compère le Coulieu et compère le Renard ; 59 le Pêcheur de lançons.

CHANSONS.

Instructions relatives aux poésies populaires de la France, décret du 13 septembre 1852. Imp. impériale, 1853, in-8°.

C'est un tirage à part du Bulletin du Comité de la langue, de l'histoire et des arts de la France, t. I, 1852-3, p. 217-273. Ces instructions ont été rédigées par Ampère.

Il contient plusieurs chansons recueillies en pays gallot dont voici les titres avec les noms de ceux qui les ont envoyées :

Dr Roulin. La Cane de Montfort, p. 13.

Marre. En entrant dans cette cour. Chanson de mai, p. 15.

Dr Roulin. Qui veut ouïr la chanson
De sainte Marguerite, p. 18.

De Corcelle. Adieu, ma mie, je m'en vas, p. 22.

Dr Roulin. Voulez-vous ouïr l'histoire
D'une fille d'esprit, p. 26.

Chanson du duc de Guise, p. 27.

Le maréchal Biron, p. 29.

Monsieur de Bois-Gilles, p. 30.

J'ai fait un rêve cette nuit, p. 34 (la musique se trouve p. 10).

En chevauchant mes chevaux rouges, p. 36.

De Corcelle. A Nantes, à Nantes sont arrivés, p. 41.

En revenant des noces dondaine, p. 42.

Mon père m'a mariée à la Saint-Nicolas ah ! ah ! p. 48.

Rossignolet des bois, rossignolet sauvage, p. 49.

A la claire fontaine, p. 52 (musique, p. 11).

Marre. Les cordonniers sont pir's que les évêques, p. 57.

Derrière chez mon père, y a un ormeau fleuri, p. 61.

Fouquet. Légendes du Morbihan.

Chansons, p. 155-180 : La semaine bien remplie, Ce que valent les hommes, Une fille avisée, Le duc de Kervoisy, Les gars de Locminé, La fille à marier, Au diable la médecine, L'âne qui change de peau, Rien pour rien, La reconnaissance des filles, Le choix d'un époux, Les regrets, Bal breton, Une femme qui sait vivre, Une femme mal mariée, Serai-je nonnette, L'amour par procuration, Désir de fille est un feu qui dévore, Comme l'amour rend bête, Une vengeance de femme, Rien sans peine, Le faux berger, Une bonne précaution, Un bon conseil, Le roi de Sardaigne.

En plus, 5 pages de musique.

D'Amezeuil. Récits bretons :

Quand la feuille était verte, p. 195.

Au bois rossignolait, p. 200.

La belle est au jardin d'amour, 204.

Pastorale : Qui veut ouïr l'historiette
D'un jeune couple d'amants.

Rathery. Rapport sur dix chansons populaires (paroles et musique) recueillies dans la partie bretonnante du Morbihan et sur dix-sept chansons populaires (paroles et musique) recueillies en pays gallot (et notes sur quelques danses). (*Revue des Sociétés savantes*, 5e série, t. IV, p. 414-420.)

ORAIN (A.). L'Ane du bonhomme. (*La Semaine des enfants*, 1869, nº 1003.)

Et moi de m'encourir. (Ibid, nº 1007.)

L'alouette et le pinson. (Ibid, 1871, nº 1157.)

ID. L'ami Pierre. — Tu ris, tu ris bergère. — Toujours gai, gai. — Et moi de m'encourir. — L'alouette et le pinson. — Le joli bas de laine. (Dans *Rondes et Chansons populaires illustrées*, 1876. Imprimerie générale Lahure.)

ID. Le prisonnier de Rennes. (Dans *Romania*, t. X, 1881, p. 245. *L'Echo théâtral*, journal-programme du théâtre de Rennes, 9 nov. 1878.)

BUREAU (L.). Ronde du Grand Auverné. (*Mélusine*, col. 269.)

ERNAULT. L'Arrivée des navires. (*Mél.*, col. 338.)

Le petit navire. (Ibid., col. 463.)

GOUDÉ. Chanson de saint Eloi, chantée par les forgerons. (*Châteaubriant*, p. 235.)

ORAIN (A.). La chanson des filles des forges. (Dans Une excursion à la forêt de Paimpont.)

ID. La flûte à mon gas. — Gentil Coqueliqui. — Le Battoué cassé. — L'Ane du bonhomme. — Les sabots d'Anne de Bretagne. (Rondes et chansons publiées hors texte avec la musique dans la *Poupée modèle*.)

ID. Les sabots d'Anne de Bretagne. (*Revue de Bretagne et de Vendée*, 1881.)

FLEURY (T.). Le batoué cassé, ronde bretonne. (*Romania*, t. X, 1881, p. 408.)

SÉBILLOT (Paul.) Littérature orale de la Haute-Bretagne, 2e part. 19 chansons dont 8 avec la musique.

I. Chansons enfantines. — (La plus belle fille qu'il y ait au monde, L'ivrogne et sa femme, Ma tante Perrine, Jeannette.)

II. Chansons à marcher ou à danser. — (Le petit couturier (dérobée), L'âne changé, Les galants, Chanson de conscrit.)

III. Chansons d'amour et de mariage. — (L'avis du mariage, La servante du meunier, La fille pressée, Le ménage, Le mariage, La bonne amie morte.)

IV. Chansons satiriques ou gouailleuses. — (Chanson de mensonges, La bique à Jacques André, La bonne femme aux prunes, La chieuve de Trémaudan, Le Gas faraud.)

DEVINETTES.

ERNAULT (Emile). Quatre devinettes de Saint-Brieuc. (Dans *Mél.*, col. 292.)

SÉBILLOT (Paul). Littérature orale de la Haute-Bretagne, 2e partie. 116 devinettes, non compris les variantes.

FORMULETTES.

BUREAU (L.). Minette. Randonnée pour amuser les enfants. (*Mélusine*, col. 149.)

SÉBILLOT (Paul). Littérature orale de la Haute-Bretagne, 2e partie; formulettes de la page 335 à 357.

PROVERBES.

COUFFON DE KERDELLEC (Gabriel-Marie). Adages agricoles à l'usage des fermiers du Bosquily.

Trésor des laboureurs, ou adages à l'usage des fermiers du canton de Lamballe. Saint-Brieuc, Le Maout, 1841, in-18 de 49 pages.

C'est le même volume, sous des titres différents; les adages sont en vers, avec des termes gallots; quelques-uns sont très directement empruntés à des proverbes d'un usage courant à la campagne. Ils ont été reproduits avec une traduction bretonne en vers en regard (non signée) dans le *Journal de Pontivy*, nos des 20 février, 26 mars, 2 et 9 juillet 1876.

SÉBILLOT (Paul). Littérature orale de la Haute-Bretagne; ouvrage cité; contient, 2e partie, 142 proverbes populaires.

COSTUMES.

Costume guérandais décrit dans *Mém. de l'Académie celtique*, t. V, p. 138.

BENOIST (Félix). Nantes et la Loire-Inférieure, monuments anciens et modernes, sites et costumes pittoresques. Nantes, 1850, 1 vol. in-fol., avec 74 planches.

BASSE-BRETAGNE.

LANGUE BRETONNE.

Le breton étant une langue et non un patois, nous ne donnons pas ici la bibliographie des ouvrages de linguistique qui lui ont été consacrés. La liste en est longue et n'a jamais été dressée d'une manière complète.

TRADITIONS, MŒURS ET USAGES.

CAMBRY. Voyage dans le Finistère. Paris, an VII. 3 vol. in-8°, fig.

LEGONIDEC. Notice sur la cérémonie du mariage dans la partie de la Bretagne connue sous le nom de Bas-Léon. (*Mém. Acad. Celt.*, II, 1808, 362-374.)

CAMBRY. Voyage dans le Finistère. Nouv. éd. accompagnée de notes historiques, archéologiques, etc., par le chevalier de Fréminville. Brest, Lefournier, 1836, in-8°.

ID. Voyage dans le Finistère, revu et augmenté par E. Souvestre. Brest, Côme fils, 1835, 2 in-4°, avec des lithographies.

La deuxième partie est en entier de Souvestre.

PEUCHET. Statistique du département du Finistère. Paris, 1810, in-4°.

Pétitions sur la nécessité de détruire la superstition en Basse-Bretagne, d'interdire aux curés de brûler le prince d'Orange en effigie et d'anéantir la gale. 1828. In-8° de 28 p.

GILBERT-VILLENEUVE. Itinéraire descriptif du département du Finistère. Nantes, 1828, in-8°.

ROMIEU (A.), sous-préfet de Quimperlé. Les luttes. (*Revue de France*, 1832, reprod. dans le *Finistère*, 8 janv. 1873 et numéros suiv.)

FRÉMINVILLE (le Chev. de). Antiquités de la Bretagne. Finistère. Brest, Lefournier, in-8° fig. 1832 ; 2e éd. 1835.

Guionvac'h. Etudes sur la Bretagne par L. Kérardven. Paris, Ebrard, 1835, 387 p. in-8°.

L. Kérardven est le pseudonyme de M. Louis Dufilhol, alors principal du collège de Rennes, et plus tard recteur de l'Académie de Rennes. M. Jules Simon, à cette époque maître d'études au collège de Rennes, fournit à son principal des matériaux qui furent mis en usage dans ce roman de mœurs. Guionvac'h contient dix chansons bretonnes, en traduction française, avec le texte breton en appendice. M. Gaidoz doit à l'amitié de M. René Paquet de posséder les textes manuscrits d'après lesquels M. Dufilhol a publié ces chansons.

Voici la liste de ces chansons :

	Traduction	Texte
Chant de Gertrude et de sa mère	p. 13	p. 362
Chant du jeune Breton	20	365
Chanson de Jacquette et Gallaü	102	368
Chanson pour demander sa fille à un vieillard	151	370
Le chant des âmes	205	375
J'avais choisi une jeune fille	243	377

La deuxième partie a été réimprimée dans le *Conteur breton*, 3e année, p. 1, 17, 23, 33, 41, 49, 65, 73, sous le titre de :

Louis Dufilhol. Etudes sur la Bretagne.

FRÉMINVILLE (le chev. de). Antiquités de la Bretagne, Côtes-du-Nord. Brest, 1835, in-8° fig.

SOUVESTRE (E.). Les derniers Bretons, 1836.

Voir les contes.

ID. Les derniers paysans.

Les récits 6, les Kacous de l'Armor 8, la Groach, sont seuls empruntés à la Bretagne bretonnante.

Luttes en Bretagne. *Mag. pitt.*, 1837, p. 56 (avec dessin).

SOUVESTRE (E.). Le Finistère en 1836. Brest, 1838, in-4°.

Usages des cimetières de Bretagne. (*Bull. Mon.* T. XVI, 1850, p. 431-456.)

FRÉMINVILLE (le chev. de). Guide du voyageur dans le Finistère. In-12. Brest, Proux. 1844.

DU CAMP (Maxime). Souvenirs de Bretagne. (*Revue de Paris*, avril 1852, septembre 1852, août 1853. Reproduit par le *Morlaisien* du 3 mai au 6 septembre 1876.)

RIOU (A.). Promenades dans le Finistère. Brest, Lefournier.

Charles DE LA TOUCHE. Histoire de Belle-Isle-en-Mer. Nantes, 1852, in-8°.

SAINT-GENIS (DE), Notice sur Ouessant, 1853.

MOUILLARD (abbé). Croyances et pratiques qui ont lieu en Bretagne. (Société polymathique du Morbihan, année 1857.)

FOUQUET. Pierres à bassins. (Ibid., 1858.)

VALLIN (E.). Voyage en Bretagne. Finistère, préc. d'une notice sur la Bretagne au XIXe siècle. Paris, 1859, in-12, pl. et carte.

ROSENZWEIG. Répertoire archéologique du Morbihan. Paris, 1863. In-4°.

LUZEL. Alan Kourio. Superstitions. (Le *Conteur breton*, 1865-66, p. 275.)

Une partie a été reproduite à la fin des Légendes chrétiennes, t. II.

ROPARTZ (Sigismond). Mobilier d'un paysan breton au XVIIe siècle (c'est une erreur, le document visé étant de 1518). (Le *Conteur breton*, t. II, p. 145 et suiv., 153 et suiv.)

Euzenet. Les feux de la Saint-Jean. (Société polymathique du Morbihan, 1869.)

Rosenzweig (L.). Les Cacous de Bretagne. Vannes, L. Galles 1872, in-8° de 26 p. — Tirage à part du *Bulletin* de la Société polymathique du Morbihan (2e semestre 1871, p. 140-165.)

Le Men. Les lépreux et cacoux de la Basse-Bretagne. (*Bulletin* de la Soc. archéol. du Finistère. T. IV, 1877, p. 138-151. T. V, p. 40-132.)

H. de la Villemarqué. Poésie des Cacoux. (Ibid. T. V, p. 167-174.)

Une Saint-Hubert en Bretagne, messe des chiens. (*Chasse illustrée*, n° du 16 nov. 1872.)

Après la messe, le prêtre bénissait le pain des veneurs qui devait pendant l'année préserver le chenil du fléau de la rage.

Luzel (F.-M.). Voyage à l'île d'Ouessant. (I. Archéologie, costumes, mœurs. II. Traditions populaires.) (*Revue de France*, mars, avril 1874, pp. 186-207, 772-783.)

Le Men (R.-F.). Traditions et superstitions de la Basse-Bretagne. (*Rev. celt.*, I, p. 226-242 et 414-435.)

Les nains. — Les géants. — Les lutins. — Les loups-garous. — Les esprits follets. — Les conjurés. — La peste. — Le diable.

Luzel. L'arc-en-ciel, la lune. (Ibid., t. III, p. 450-2.)

Id. Veillée de Noël. Apparitions et revenants. (*Morlaisien*, 1876.)

Flagelle. Notes archéologiques sur le département du Finistère. Brest, Lefournier, in-8° de 94 p.

Contient quelques traditions.

Renan. Souvenirs d'enfance. (*Revue des Deux-Mondes* du 15 mars 1876.)

Mauricet (le dr Alph.). L'Isle-aux-Moines. Ses mœurs et ses habitants, ses monuments mégalithiques. Vannes, impr. Galles, 1878, gr. in-8°, 18 p., 2 pl. (Extrait des *Mém. de la Soc. polym. du Morbihan.*)

Installation du maire de Brest au xviie siècle. (*Mag. pitt.*, 1876, p. 389-91.)

OUVRAGES ET ARTICLES SUR LES LÉGENDES BRETONNES.

Morin (E.). Remarques sur les contes et les traditions populaires des Gaëls de l'Ecosse occidentale, recueillis par M. F.-J. Campbell. Rennes, Catel, 32 p. in-8°. (Extrait des *Mém.* de la Soc. arch. d'Ille-et-Vilaine.)

Tachet de Barneval. L'esprit de tradition en Bretagne. (*Revue contemporaine*, 15 mars 1859.)

La Borderie (de). Du caractère national de la race bretonne (*Revue de Bretagne et de Vendée*, janvier 1860.)

Le Guen. Recherches sur l'origine d'une ancienne coutume bretonne. Essai de tentative d'explication de l'aguilaneuf. Brest, Lefournier, 1869, 48 p. in-8°.

Levot (P.). La légende de Sainte-Tryphine et le conte de Barbe-Bleue. Brest, Godreau, 1874. in-8° de 29 p. (Extrait du *Bulletin* de la Soc. acad. de Brest. T. VIII, p. 185-213. Brest, 1874.)

Luzel. Traditions orales de la Basse-Bretagne ; tirage à part du Congrès scientifique de France. Saint-Brieuc, 1874, p. 541-559.

Id. Origine commune des contes populaires européens. — Contes populaires de la Bretagne-Armorique. Saint-Brieuc, L. Prudhomme, 1874, broch. in-8° de 20 p.

Id. La légende de saint Eloi, in-8° de 12 p. (Extrait des Bull. de la Société acad. de Brest.)

Id. Le Nirang des Parsis en Basse-Bretagne. (*Mél.* col. 494.)

Id. La chapelle des sept saints. (*Mél.*, col. 201.)

Renan (E.). La légende des Sept Dormants en Basse-Bretagne. (*Mél.*, col. 204.)

CONTES.

Souvestre (Émile). Les derniers Bretons. 1re éd. 1836. Paris, Charpentier, 4 v. in-8°. Paris, Coquebert, 1843, in-8°; Michel-Lévy, 1854 et 1858, 2 vol. in-12.

Moustache. — Le poulpican et le boucher. — La Mary Morgan de l'Etang au Duc. — La première édition contenait, t. I, p. 72, un conte, le Drap mortuaire, qui a été supprimé dans les suivantes.

Kerambrun. Rannou et la Sirène. (*Nouvelle Revue de Bretagne*, 1838-39, p. 466.)

Dans ce même volume se trouve aussi p. 584 le résumé d'un vieux conte populaire.

La pierre bornale, tradition bretonne. (*Mag. pitt.*, 1839, p. 215.)

Corbière (Édouard). La sainte Folle. (*Revue bretonne*, 1re année, 1843, p. 86 et suiv.)

Souvestre (E.). Le Foyer breton, traditions populaires, illustré par Tony-Johannot, Penguilly, A. Leleux, Fortin et Saint-Germain. Paris, Coquebert, s. d. (1844), in-8°.

Tréguier. Comorre. Les trois rencontres. Saint Galonnek. Jean Rouge-Gorge. — *Léon.* Les lavandières de nuit. La Groach de l'île du Lok. L'invention des ballins. Teuz ar Poulict. — *Cornouaille*. La ville d'Is. L'heureux Mao. La souris de terre et le corbeau gris. Les quatre dons. — *Vannes*. Le diable recteur. Les Korils de Plaudren. Perronik l'idiot. Les pierres de Plouhinec. L'auberge blanche. Le sonneur. Al lew drez (la lieue de grève). — Editions non illustrées. Michel Lévy, 1853, 2 in-12 ; et 1858, 2 in-12.

Stœber (August). Volkssagen und Legenden aus der Bretagne, dans Elsæssische Neujahrsblætter fur 1845, hrsgg. von Aug. Stœber und Fr. Otte, Basel, 1845, p. 133-154.

Légendes bretonnes racontées d'après Souvestre et M. de la Villemarqué.

Bode (Heinrich). Volksmærchen aus Bretagne, für die Jugend bearbeitet, mit Bildern von Prof. Richter und T. Johannot, Leipzig, O. Wigand, 1847, in-12.

Contient 14 contes arrangés d'après Souvestre.

Fouquet. Légendes du Morbihan. (Ouvrage cité).

Quelques contes ont été recueillis en pays bretonnant, entre autres les suivants : Le trésor de Kerbihan. Saint Jugon. Les sept saints. Saint Gobrien. Légende du sire de Garo. Kergornet. Le plus grand saint du paradis. La messe du fantôme. La légende de Kerleau. Comment Kernascleden fut bâti.

Dulaurens de la Barre. Les veillées de l'Armor. Récits populaires des Bretons. Vannes, 1857, in-18.

Récits des Disrevellers. 1 Geneviève de Kastel-Mendy. 2 Le hucheur de nuit. 3 La fiancée de Saint-Herbot. 4 Le trésor. 5 Les wikings (!!). 6 Les mines du Huelgoat.

Les Marwailhers (les deux premiers contes sont gallots). 3 La chapelle de Béléan ou le Retour du croisé. 4 L'aire neuve. 5 Le diable boiteux. 6 Le château de Koet Kandek. 7 Le testament du recteur.

La 3e partie n'est populaire qu'en apparence ; il y a d'ailleurs des réserves à faire sur les récits de cet auteur, presque toujours de forme arrangée ; parfois le fonds lui-même ne doit être accepté qu'avec prudence.

D'Amezeuil (pseudonyme de Ch.-P. Acloque). Récits bretons. Dentu, 1863, in-12.

Aventures du chevalier de Kéraude et de Spern-Gwern. L'innocente de la grève. Berthe la Mignonne. La mère qui vient emporter ses enfants. La légende de la petite Mariaek. Annaïk et la croix de l'honneur.

Tous ces contes, qui semblent recueillis à la limite des deux langues, quelques-uns en pays gallot, ne sont pas sous forme populaire et doivent être consultés avec une extrême réserve.

Id. Légendes bretonnes. Souvenirs du Morbihan, 1863 (ou 64), in-12. Dentu.

Les deux bossus de Nivillac. Léna, la pâle fiancée. Saint Carapibo. Les

Korils et le bedeau. Légende de sainte Tryphine. Légende de Bélćan. Légende de Nicolazic. Yves Hervec et les revenants. Le pâtour et le papillon. Jaouen le sonneur.

Mêmes observations que pour le précédent volume.

KERMELEUC. Le Kreisker, légende. (*Conteur breton*, 1re année, 1864-5, p. 60.)

KERMIN (René). Mikel, légende bretonne. (Ibid., p. 90.)

KERMOR. La nuit de Noël, légende. (Ibid., p. 126.)

KERMELEUC. Un avènement. (Ibid., p. 150.)

Amédée B. L'appel du reliquaire. (Ibid., p. 175.)

KERMELEUC. Comment le diable faillit être noyé par trois filles de Beuzit. (Ibid., 2e année, p. 115.)

ARMAND. Les Kourils. (Ibid., p. 213.)

Conte littéraire fondé sur une superstition. Presque tous les contes de ce recueil sont très arrangés.

DULAURENS DE LA BARRE. Les aventures du seigneur Tête-de-Corbeau (Pen-ar-Vran). (Ibid., p. 379.)

ID. La pierre tremblante de Trégunc. (Ibid., 3e année, p. 132.)

LUZEL. Histoire de Iann Kerlouarn et de son cheval Maugis, p. 147.

ROBERT DE SALLES (Gaston). Le rouge-gorge à la croix, légende de Guémené. (*Conteur breton*, 3e a., p. 193.)

DULAURENS DE LA BARRE. Les aventures de M. Tam-Kik. (Ibid., p. 337 sqq.)

ID. Sous le chaume. Vannes, Cauderan, 1863, in-12.

1re partie. Le Den-Bras, récit du mendiant; le Bassin d'or, récit du faucheur; le Pilote du Raz, récit du marin; le vieux chien de la Laita, récit du pêcheur; le Revenant de la grève, récit de la veuve du matelot; la pierre tremblante de Trégunc, récit du charretier; Lao, le biniou du diable, et le Tireur rouge, récits du gardeur de vaches.

2e partie. Les aventures du seigneur Tête de Corbeau, récit du fermier; le rouet de la tante Marguerite, récit de la demoiselle du manoir; le Lièvre au chapeau de paille et le loup-sorcier, causeries; les aventures de Tam-Kik, récit du cabaretier; la veillée de Landévant, causeries.

BELZ (Marguerite DE). La clé des champs, ou les Enfants parisiens en province. Paris, 1 vol. in-8° de 269 p. s. d.

La fille aux bras coupés (conte de Cornouailles). Le lutin Furti-Furton. La provenance de ce conte n'est vraisemblablement pas bretonne.

LUZEL. Les deux bossus ou la danse des nains (dans *Breuriez Breiz-Izel*). Morlaix, Ledan, 1869. Texte breton seulement.

Id. Contes et récits populaires. Nantes, 1869. V. Forest, in-8° de 22 p. (Extrait de la *Revue de Bretagne et de Vendée*.)

Le Chevalier Fortuné.

Troude. Nouveau dictionnaire pratique, français et breton. Brest, 1869, in-8°.

Contient, p. 912-918, un conte, « extrait du manuscrit d'un ami » M. Milin, et intitulé : Benedisité. — Texte breton seul.

Troude. Nouveau dictionnaire pratique, breton Français. Brest, Lefournier, 1876, in-8°.

Contient, p. 431-444, trois contes, en texte breton seulement : 1° Ar paotr Laouik hag ann aotrou Doue (le gars Laouic et le bon Dieu) : ce conte a été analysé par M. Luzel, dans ses Légendes chrétiennes, t. I, p. 247, n° ; — 2° Treiz Plougastel, tost da Vrest (la grève de Plougastel, près de Brest) ; — 3° Fillor Sant Per (le filleul de saint Pierre).

Delangle (Calixte). Le grillon du foyer. Légendes bretonnes. Paris, Durand, 1860, in-8° de 185 p.

Contient six contes : Archange et capucins, la Vieille de la falaise de Porsporder, les Métamorphoses du diable, la Folle des bruyères, la Vierge Berhette, le roi du menhir. Le 1er, le 3e, le 5e sont populaires quant au fond ; le dernier est douteux ; le 2e et le 4e sont de simples nouvelles.

Luzel. Contes bretons recueillis et traduits par F.-M. Luzel. Quimperlé, in-12, 1870.

Le géant Goulaffre. L'homme aux deux chiens. Le filleul de la Sainte Vierge. Jezuz-Krist en Breiz-Izel. Jésus-Christ en Basse-Bretagne, conte légendaire chrétien, texte dialecte de Tréguier et traduction. Daou vab ar pesketaer. Les deux fils du pêcheur (en français et en breton). Ar Miliner hag he aotro. Le meunier et son seigneur (en français et en breton).

Troude et G. Milin. Ar Marvailler brezounek. Brest, Lefournier, 1870, in-18 de 346 p. Texte breton et traduction française.

L'oiseau de vérité. La perruque du roi Fortunatus. Jean à la barre de fer. Le coq d'or, la poule d'argent et la feuille du laurier qui chante. Le corps sans âme. Christophe. Le diable en route pour Brest.

Luzel. Théodore ou le château de Cuivre. (*Electeur du Finistère*, 1, 4, 6 avril 1870.)

L'abbé Sans-Souci. (Ibid., 11 avril 1871.)

L'homme de fer. (*Journal de Redon*, 14, 21, 28 septembre 1871.)

Le chat noir. (*Electeur du Finistère*, 20, 22, 23, 24 et 25 mai 1872.)

Id. Ar potr-koz Mizer ha sant Per (le bonhomme Misère et saint

Pierre), texte breton[1]. — Ar Mesaër-denved a c'honeaz merc'h ar roue gant ur gir hep-ken (le berger qui obtint la fille du roi pour une seule parole). (Dans Almanak Breiz-Izel evit ar blavez biseost, 1872. Brest, Gadreau, in-12 de 96 p.)

Id. Jésus-Christ en Basse-Bretagne, texte breton et traduction française. (*Revue de Bretagne*, t. XXVI [vie de la série], p. 31-37.)

Id. L'ermite voyageant avec un inconnu. (Mémoires du Congrès scientifique de France, 38e session. Saint-Brieuc, 1872.)

Id. Marguerite Kerlagadec, ou le laboureur, sa femme et le moine, conte facétieux. (*L'Electeur du Finistère*, 3, 4, 5 mars 1873.)

Id. Les trois frères métamorphosés en corbeaux et leur sœur. (*Le Finistère*, 9, 19, 21, 23, 27 et 30 août 1873.)

Id. Rapports sur une mission scientifique en Bretagne. Archives des missions scientifiques (1872-1873).

1er rapport. Le berger qui obtint la fille du roi. Le corps sans âme.

2e rapport. Celui qui racheta son père et sa mère de l'enfer. Le docteur Coathalec.

3e rapport. Bihannic et l'ogre. Porpant. Jean de Ploubezre.

4e rapport. Trégont-a-Baris. L'homme poulain. La princesse de Tréménézaour.

5e rapport. Le berger qui sauve une princesse d'un serpent. L'épervier et la sirène. Le prince de Portugal. Le chat et sa mère. Les trois souhaits. La princesse de Tronkolaine. Le fils du pêcheur. Le poirier aux poires d'or. Le capitaine Lixur et la Santirine. Le prince Serpent et le prince de Tréguier. L'hiver et le roitelet. Janvier et février.

Id. Voyage à l'île d'Ouessant, 2e partie.

Les Morgans et Morganes. Le Morgan et la Fille de la terre. Pipi Menou et la Fille du magicien. Jésus-Christ et le bon larron.

Id. Le fils ingrat. (Bulletin de l'Association bretonne, session de Vannes, 1874 ou 75, avec commentaires.)

Id. Le prince turc Frimelgus, ou la femme mariée à un mort. (Dans Levot, Sainte-Tryphine, 1874.)

Dulaurens de la Barre. Histoire authentique du géant Hok-Bras. (*Le Publicateur du Finistère*, 5 sept. 1874.)

Luzel. Le fils du marchand et le magicien. (Ibid. Quimperlé, 16 mai 1874 et les deux numéros suivants.)

1. Ce conte n'est autre chose qu'une traduction en breton du récit normand publié par M. Edelestand du Méril dans la *Revue germanique*, 1858, livraison du 31 octobre, page 68.

Id. Les trois fils de la veuve. (Bulletin de la Société académique de Brest, t. IV, 1876-77.)

Id. Contes. (Dans *Mélusine.*)

Le voleur avisé, col. 17. Le lièvre, le renard et l'ours, c. 57. Les trois fils du roi, c. 64. Le tailleur et l'ouragan, c. 129. Le pourvoyeur du paradis, c. 133. Les trois frères, c. 153 (observation de Kœhler, c. 158). Les trois filles du boulanger, c. 206 (obs. de Kœhler, c. 213). Histoire de Christic qui devint pape à Rome, c. 300 (obs. de Kœhler, c. 384). La destinée, c. 323. La femme qui ne voulait pas avoir d'enfants, c. 325. Le pape innocent, c. 374 (obs. de Kœhler, c. 384). Les neuf frères métamorphosés en moutons, c. 41?. Fanch Scouarnec, c. 465 (obs. de Kœhler, col. 473). La petite fourmi qui allait à Jérusalem et la neige, c. 356.

Rolland (Eugène). (Dans *Mél.*). La danse des Korrigans, col. 113, suivi d'observations.

Luzel. Koadalan, texte breton et traduction française. (*Rev. celt.*, I, 106-131. Observations par M. R. Kœhler. Ibid., p. 132-4.)

La femme du soleil. (*Rev. celt.*, II, 289-320.)

Sous ce titre M. Luzel a réuni les quatre contes suivants : La fille qui épousa un mort. La femme du trépas. Le prince turc Frimelgus. Le château vert.

L'homme juste. (*Rev. celt.*, III, 379-385.)

Ernault (E.). Conte populaire de Sarzeau, texte et trad. (*Rev. celt.*, III, 232-4.)

Luzel. Formules initiales et finales des conteurs bretons en Basse-Bretagne. (*Rev. celt.*, III, 336-341.)

Dulaurens de la Barre. Fantômes bretons, contes, légendes et nouvelles. Paris, C. Dillet, 1879.

Le pousseur de la Dourdu. L'homme emborné. Coat an Roc'h. Une chaise en enfer. Roc'h Toul. Les poires d'or. La jument maigre. Tremeur, l'homme sans tête.

Luzel (F.-M.). Veillées bretonnes, mœurs, chants, contes et récits populaires des Bretons-Armoricains, in-18. Paris, Champion, 1879.

La messe du fantôme, p. 4. La princesse Blondine. Le pêcheur. Petit Louis. La princesse aux cheveux d'or. Les finesses de Bilz. Cochenard et Turquin.

Dulaurens de la Barre. Nouveaux fantômes bretons, contes, légendes et nouvelles. Lettre-préface de M. de la Villemarqué. Paris, C. Dillet, 1881, in-18 de 299 p.

1. Le filleul de la mort. 2 Le veneur infernal. 3 Saint-Quay et les femmes curieuses. 4 Efflam et Hénora. 5 Mathurin le menteur. 6 Le diable charbonnier.

7 La chapelle de Saint-Guen. 8 L'heureux voleur. 9 La fontaine de Barenton. 10 Fall-i-tro. 11 La pilleuse. 12 Le géant Hok-Bras. 13 Les Korrigans. 14 Aventures de Iann-Houarn. 15 Le troc d'Age. 16 Les pierres maudites. 17 Le casseur de croix. 18 La vierge de Lockrist. 19 La volonté de Dieu. 20 La croix qui marche. 21 La fontaine du maudit (les n°s 22 à 24 sont de pures nouvelles; les contes à fond populaire reprennent au n°s 25 et 26. Le vaisseau fantôme — Forban-Ru — qui sont intitulés Fantômes de la mer et sont en effet des contes de marins, très arrangés).

LUZEL. Légendes chrétiennes de la Basse-Bretagne. 2 vol. petit in-12 elzévir. Paris, Maisonneuve, 1882.

Première partie. Le bon Dieu, Jésus-Christ et les apôtres voyageant en Basse-Bretagne (1 La vache de la vieille femme. 2 Le bon Dieu, saint Pierre et saint Jean. 3 Le bon Dieu, le sabotier et la femme avare. 4 La vache de saint Pierre. 5 Le pain de saint Pierre. 6 La vieille qui voulait faire comme le bon Dieu. 7 La fiancée de saint Pierre. 8 Porpant. 9 Saint Philippe. 10 Jannig ou les trois souhaits. 11 Le fils de saint Pierre).

Deuxième partie. Le bon Dieu, la sainte Vierge, les saints et le diable voyageant en Basse-Bretagne (1 Saint Eloi et Jésus-Christ 2. Pour avoir travaillé le jour de Noël. 3 Les trois fils ou la fête de saint Joseph. 4 Le bon Dieu et la sainte Vierge parrain et marraine (1re version). 5. Le Diable et la sainte Vierge parrain et marraine (2e version). 6 Jésus-Christ et le bon larron. 7 Une courte prière. 8 Le garçon sans souci ou la vertu d'une prière dite de bon cœur. 9 Les trois frères qui ne pouvaient s'entendre au sujet de la succession de leur père).

Troisième partie. Le paradis et l'enfer (1 Le fils du diable. 2 L'enfant voué au diable et le brigand qui se fait ermite. 3 Le brigand et son frère l'ermite. 4 Le brigand sauvé avant l'ermite. 5 L'ermite et le vieux brigand. 6 Le brigand et son filleul. 7 Le petit pâtre qui alla porter une lettre au paradis (1re version). 8 Celui qui alla porter une lettre au paradis (2e version). 9 Celui qui rachète son père et sa mère de l'enfer. 10 Le marquis de Tromelin. 11 Le pape Innocent).

Quatrième partie. La mort en voyage (1 Sans-Souci ou le maréchal-ferrant et la mort. 2 L'homme juste. 3 L'Ankou et son compère).

Cinquième partie. Les ermites, les moines, les brigands, les saints et les papes (1 L'ermite voyageant avec un inconnu. 2 L'ermite et la bergère. 3 Le frère, la sœur et leur fils le pape de Rome. 4 Les deux moines et les deux femmes. 5 La fille de mauvaise réputation qui alla au paradis. 6 Cantique spirituel sur la charité de saint Corentin. 7 Le miracle des trois gouttes de sang. 8 Sainte Touina. 9 Sainte Déodié. 10 L'ermite Jean Guérin).

Sixième partie. Diableries, revenants et damnés (1 Le pont de Londres trois fois plus long que la grâce de Dieu. 2 L'ombre du pendu. 3 L'Ame damnée. 4 Le méchant avocat emporté par le diable. 5 Les deux sœurs qui se haïssent. 6 Damné quoique dévot. 7 L'enfant gâté. 8 Emporté par le diable. 9 Le saint vicaire et le diable. 10 Les deux méchantes sœurs. 11 Fantic Loho ou le linceul des morts. 12 Quelque compagnie que l'on suive, on en a toujours sa part. 13 Teuz ar Pouliet).

Septième partie. Récits divers (1 Le fils ingrat. 2 Le pain changé en tête de mort. 3 La miche de pain. 4 Il est bon d'être charitable envers les pauvres. 5 La femme qui ne voulait pas avoir d'enfants. 6 Marie Petit-Cœur. 7 La bonne petite servante. 8 La destinée. 9 François Kergargal et Françoise Kergoz. 10 Le jeu de cartes servant de livre de messe. 11 La bonne femme et la méchante femme. 12 Le petit agneau blanc. 13 Les deux frères et leur sœur. 14 L'oiseau bleu. 15 Le soldat qui délivra une princesse de l'enfer).

CHANSONS ET POÉSIES POPULAIRES.

L'Héritière de Keroulaz, ballade bretonne du XVIe siècle. (Mém. Soc. ant., 2e série, III (1837), 468-483, cf. p. XXXII.

Publication par Legonidec de la ballade déjà publiée par M. de Fréminville, Antiquités du Finistère, 2e partie. Brest, 1835.

SOUVESTRE. Les derniers Bretons. I, p. 53, 57, 95, 135.

Contient des chansons ; celle de la page 51, éd. Lévy, a remplacé une autre de la 1re édition. Les chapitres II et III de la 2e partie qui a pour titre : Poésies de la Bretagne donne des poésies populaires, mais sans le texte.

La première édition contenait plusieurs chansons que Souvestre a fait disparaître dans les suivantes.

Dans le 2e volume, p. 196, se trouvait un cantique intitulé Hommage à Dieu dans la solitude, dont je ne connais pas le texte breton ; je le soupçonne fort au reste de n'avoir jamais existé ; à la page 260, un gwerz sombre intitulé La tête de mort. C'est le carnaval de Rosporden du Barzaz-Breiz arrangé.

L'Infanticide, p. 260 (j'en ai publié une version dans mes gwerziou) ; la chanson de la danse, p. 318 ; deux sones, l'un p. 321, l'autre p. 361 (note de M. Luzel).

La prière des âmes.

Le gwerz de Cathel Gollet, Marie-Yvonne enlevée par les Anglais. (*Nouvelle Revue de Bretagne*, 1838-1839, p. 29, 437, 472.) Traductions françaises de Kerambrun.

Le sône de Kloarec Rosmar.

Le Chant des âmes. (*L'Illustration*, 1re année.) Traductions françaises de Kerambrun.

LE BIHAN. Les conscrits de Lanmeur, traduction peu fidèle, p. 142.

L. HAMON. Dispute entre le Léonnard et le Trécorrois, p. 394.

L. ***. Dispute entre Simon de Kerjulot et Pol de Kerdogan au sujet du tabac, p. 588. (*Nouvelle Revue de Bretagne*, 1838-39.)

Dans le texte breton le nom des disputeurs sont Simon ar Gontel-Gam et Pol-ar-Pri (L.). (*Nouvelle Revue de Bretagne*, 1838-39.)

La vieille Ahès, chant populaire breton. — Dans l'Annuaire historique et archéologique de la Bretagne de M. de la Borderie, 1861. Rennes et Paris, p. 177-82, avec des commentaires. Publié de nouveau par M. E. Morin, professeur à la faculté des lettres de Rennes (texte breton et traduction), dans l'Armorique au ve siècle. In-8° de 142 p. Rennes, Verdier, 1867, p. 37.

M. Morin y a ajouté des commentaires non moins enthousiastes que ceux de M. de la Borderie. Un examen un peu attentif du texte, au point de vue philologique, aurait dû suffire pour lui inspirer au moins des doutes sérieux.

Ce prétendu chant populaire vient de la collection de M. de Penguern. C'est un pastiche à prétentions historiques, comme on en a tant fabriqué dans ce siècle. Son auteur paraît être feu Kerambrun, écrivain breton de beaucoup de talent. (Nous devons ce renseignement à M. Luzel, ami et parent de Kerambrun.)

L'original de cette pièce est dans la collection Penguern (Bibl. nat., départ. des mss. Fonds celtique et breton n° 91, t. III, p. 123) et, nous apprend M. Luzel, écrit de la main de Kerambrun).

Mene'ch ann enès c'hlaz. Les moines de l'île Verte.

Chant populaire breton, publié pour la première fois avec commentaires dans les Anciens évêchés de Bretagne de MM. Geslin de Bourgogne et A. de Barthélemy, t. IV (1864), p. 13.

Paraît être aussi un pastiche de Kerambrun (L.).

SOUVESTRE. Le Cloarec de Laoudour, traduction. (*Le Conteur breton*, numéro-programme, p. 5, 23 oct. 1864.)

LUZEL. Histoire admirable de Boudedeo (le Juif-Errant). (*Conteur breton*, 27 janv. 1866.)

L'héritière de Coatgouré (Ibid., 17 février 1866).

Guillaouik Calvez (Ibid., 24 mars 1866).

L'enfant de cire (Ibid., 18 août 1866).

D'AMEZEUIL. Légendes bretonnes.

Contient quelques chansons bretonnes, en traduction seulement (sauf An hini goz); mais plusieurs sont suspectes d'arrangement.

Le chant du pillawer, p. 78. Sône du pillawer, p. 82. Chanson du mendiant, p. 103. Le ciel et l'enfer, parodie, p. 163. Le chant des âmes (entendu par l'auteur en français; la traduction, qui était psalmodiée par un aveugle breton, ressemble à celle de Dufilhol). An hini goz, p. 270.

ID. Récits bretons.

Quelques traductions de Gwerziou, p. 206 et 208. Soizic la meunière et le Sonneur de cloches.

De Penguern. Noces du roitelet. (Mém. de la Soc. arch. des Côtes-du-Nord, 1866, p. 203.)

Ballades bretonnes sur le Juif-Errant citées par Champfleury. (*Rev. germanique*, 1er août 1864, p. 305.)

Luzel. Gwerziou Breiz-Izel. Chants populaires de la Basse-Bretagne, recueillis et traduits. *Gwerziou*, 1er vol. Lorient, Corfmat. Paris, Franck (1868). In-8° de VIII-559 p.

Art. de M. Liebrecht dans les *Gœttingische Gelehrte Anzeigen* du 7 avril 1869, p. 522-544.

T. II, VII-484 p. in-8°, 1874.

Art. de M. Reinhold Kœhler, dans la *Deutsche Literaturzeitung*, 1874, artikel 301.

Art. de M. Liebrecht dans les *Gœttingische Gelehrte Anzeigen* du 29 avril 1874.

Milin. Légendes bretonnes. La Tour de plomb de Quimper. Petit in-8° de 38 p. (Bulletin de la Soc. ac. de Brest.)

Contient quatre chansons populaires : An Tour plom (la tour de plomb). Cloarec Lambaul. Maro markis Gwerrand (la mort du marquis de Guerrand). Biron ha d'Estin (Byron et d'Estaing).

Elles sont accompagnées de curieuses notes, et à la suite des deux dernières, on trouve deux chansons françaises sur la prise de Grenade.

Lejean (J.-M.). Chants populaires des Bretons : Ar Jouiz Braz (lez Treger). (*Revue de Bretagne et Vendée*, octobre 1873, p. 286-297.)

Luzel. La mort du roitelet, berceuse (breton et français). (*Mélusine*, col. 73-74.)

Les noces du roitelet (breton et français). (Ibid., col. 193-196.)

Ernault. Facétie bretonne. (Ibid., col. 461-63.)

Havet (L.). Chanson bretonne (avec musique). (Ibid., col. 533-34.)

Luzel. La chanson de Petit-Jean (en breton et en français). (Ibid., col. 550-552.)

Id. Chansonnette bretonne. Texte et trad. (*Rev. celt.*, II, p. 245-7.)

Lejean (Guillaume). La poésie populaire en Bretagne. (*Rev. celt.*, t. II, p. 44-70.)

La Vieille et la Jeune, ou la Bretagne et la Gaule. 8 p. in-8°. Quimperlé, Clairet, s. d.

C'est la chanson populaire, augmentée d'un nombre considérable de couplets, destinés à réaliser l'allégorie politique du sous-titre.

Barzas-Breiz.

Barzas-Breiz. Chants populaires de la Bretagne, recueillis et publiés avec une traduction française, des éclaircissements, des notes et les mélodies originales, par Th. de la Villemarqué. Paris, Charpentier, 1839, 2 vol. in-8° de VI-LXXVIII-275 et 387 p., avec 12 p. de musique.

Cette première édition contient (t. I, p. 261-272) des « Essais de traductions en vers » qui n'ont pas été reproduits dans les éditions suivantes.

On remarquera que le principal mot du titre est écrit avec un *s* (Barzas) tandis qu'il est écrit avec un *z* (Barzaz) dans les éditions suivantes. Le mot n'existant pas dans la langue bretonne et ayant été créé par M. de la V., on ne peut contester à son auteur le droit d'en modifier l'orthographe.

Barzaz-Breiz. Chants populaires de la Bretagne recueillis et publiés avec une traduction française, des arguments, des notes et les mélodies originales, par Th. Hersart de la Villemarqué. Troisième (*sic*) édition, augmentée de trente-trois nouvelles ballades historiques. Paris, Delloye, 1845, 2 vol. in-12 de XIX-LXXVIII-400 et 492 p. avec 56 pages de musique.

Quelques mois après son apparition, le fonds de cette édition était acheté par la librairie Franck qui la mettait en vente avec une nouvelle couverture et un nouveau titre portant : « Quatrième [*sic*] édition. Paris, Franck, 1846 ». On n'avait pas remarqué que ce changement dans le numérotage de l'édition était contredit par l'avant-propos de la p. IX intitulé « Avant-propos de cette troisième édition » et signé « Paris, 25 juin 1845 ». Ce changement était également contredit par une note de la p. 140 du t. I.

Barzaz-Breiz. Chants populaires de la Bretagne, recueillis, traduits et annotés par le vicomte Hersart de la Villemarqué, membre de l'Institut. Sixième (*sic*) édition. Ouvrage couronné par l'Académie française. Paris, Didier, 1867, in-8° de LXXXII-539 p. et XLIV p. de musique.

La librairie Didier a l'usage de faire un second tirage dans le format in-12 des livres qu'elle publie d'abord dans le format in-8°. Ce tirage in-12 a reçu le titre de « Septième [*sic*] édition. Paris, Didier, 1867 ».

Malgré toutes nos recherches, nous n'avons pu trouver trace ni d'une « seconde » ni d'une « cinquième » édition, et nous avons tout lieu de croire qu'elles n'existent pas. La « cinquième » est inconnue à la fois à la librairie Franck qui a publié la « quatrième » et à la librairie Didier qui a publié la « sixième ».

Le Barzaz-Breiz ne nous paraît avoir eu en réalité que trois éditions :

La première en 1839 ;

La seconde en 1845, inexactement appelée « troisième » et « quatrième » ;

Et la troisième en 1867, inexactement appelée « sixième » et « septième ».

Traductions et imitations.

Keller und Seckendorff, Volkslieder aus der Bretagne ins Deutsche übertr. mit 16 Orig.-Melodien. In-8°. Tübingen, 1841.

M. Hartmann und L. Pfau. Bretonische Volkslieder. In-18. Kœln, 1859.

Ballads and songs of Britanny, by Tom Taylor. London, 1865.

Traductions en vers anglais de poésies du Barzaz-Breiz dans *The Catholic World* de juillet 1873 (article intitulé : Brittany, its people and its poems).

L'ouvrage suivant, que nous ne connaissons que par un catalogue, nous paraît être une traduction polonaise du Barzaz-Breiz :

Piosennik ludówy. Zeszyt I. : (seul paru) piesni bretonskie. Poznan, 1842.

La Croix du chemin, traduction en vers d'une pièce du Barzaz-Breiz. (*Le Conteur breton*, 1re année, p. 94.)

La chanson de fête des petits pâtres, par M. Em. Ernault; trad. en vers d'une poésie du Barzaz-Breiz. (*Revue de Bretagne et de Vendée*, octobre 1877, p. 273-5.)

Ernault. Poèmes bretons : Merlin, Lez-Breiz, traduits du breton du Barzaz-Breiz en vers français. (Mémoires de la Société d'émulation des Côtes-du-Nord, année 1881. T. XIX.)

Le Constant (Paul). Ballades et légendes bretonnes, accompagnées de notices historiques, Paris. 1882, in-12 de 248 p.

Le Barzaz-Breiz a fourni les principaux matériaux de ce volume.

A consulter sur la question de l'authenticité du Barzaz-Breiz.

Le Men. The Athenæum, 11 avril 1868, p. 527.

D'Arbois de Jubainville. Bibliothèque de l'École des chartes, 3e sér., t. III, p. 265-281. T. V, p. 621 et sq.

Id. Revue archéologique, t. XX, p. 12 et sqq.

Id. Revue critique, 16 février et 23 novembre 1867, 3 octobre 1868.

Liebrecht. Gœttingische gelehrte Anzeigen, 7 avril 1869.

Luzel (F.-M.). De l'authenticité des chants du Barzaz-Breiz. Saint-Brieuc, Guyon, et Paris, Franck. In-8o de 47 p. 1872.

Id. Revue archéologique, t. XX, p. 120 et suiv.

Halléguen. Congrès international celtique de Saint-Brieuc, 1868, in-8o, p. 291 et suiv.

Le Men. Revue celtique, t. I, p. 432 (sur la peste d'Elliant). Préface du Catholicon de Jean Lagadeuc. Lorient, Corfmat, s. d. (un carton a adouci la note primitive).

L. Havet. Les poésies populaires de la Basse-Bretagne, in-18 de 42 p. Tirage à part de la *Revue politique et littéraire*, 1er mars 1873.

H. D'ARBOIS DE JUBAINVILLE. Encore un mot sur le Barzaz-Breiz. Paris, Dumoulin, 1873, 8 p. in-8°. Cf. article de H. Gaidoz dans la *Revue celtique*, t. II, p. 131-3.

Dr HALLÉGUEN. M. de la Villemarqué, le Barzaz-Breiz. Dans la *Revue politique et littéraire*, n° du 19 juillet 1873.

Le tome II de la Correspondance de Sainte-Beuve contient plusieurs lettres échangées entre M. Luzel et Sainte-Beuve au sujet du Barzaz-Breiz. Sainte-Beuve se proposait de consacrer une étude à la question du Barzaz-Breiz ; mais il n'a pas réalisé ce projet.

Barzaz pe ganaouennou Breiz, dastumet enn enor d'ar vro, gand Theodore Hersart de la Villemarqué, ha moullet gand taolennou Ernest Boyer. Paris, Delloye, in-8° (sans date).

Nous ne connaissons que deux feuilles de cette publication, faite exclusivement en breton : c'était une sorte de revue littéraire bretonne et qui contenait avec d'autres pièces des poésies du Barzaz-Breiz.

On peut remarquer la disposition du titre : Barzaz, *pe* ganaouennou Breiz, c'est-à-dire en français « Barzaz *ou* Chansons de la Bretagne ». M. de la V., s'adressant à un public bretonnant, jugeait opportun de traduire le mot *Barzaz*, parce que ce mot est aussi étranger au breton qu'au français.

Le Comité des Sociétés savantes a reçu, à plusieurs reprises, des chansons bretonnes ; la collection formée par le Comité a été déposée à la Bibliothèque nationale, département des manuscrits. Mais plus importante est

LA COLLECTION DES MANUSCRITS BRETONS

DE M. JEAN-MARIE DE PENGUERN.

La collection de Penguern, dont il a été beaucoup parlé il y a quelque temps, est aujourd'hui déposée à la Bibliothèque nationale, où l'on peut la consulter, département des manuscrits, fonds celtique.

Elle contient sept volumes, manuscrits, portant les numéros 89-90-91-92-93-94 et 95 du *fonds celtique*. Les textes bretons dont elle se compose sont tous écrits (sauf pourtant les 6e et 7e vol. consacrés aux mystères) de la main de M. de Penguern ou de R. G. Kerambrun, son collaborateur. On y trouve peu de traductions, et presque toutes sont de l'écriture de Kerambrun. Cinq volumes sont consacrés aux *chants populaires*, *gwerziou*, *soniou*, berceuses, rondes, refrains de danse, proverbes, etc.

Le titre du 1er vol. est ainsi conçu :

Tome I.

Chants populaires de Léon (breton), recueillis par M. J.-M. de Penguern. Volume de 261 feuillets. Manquent les feuillets 5, 6, 53, 57, 61, 64, 87, 94, 117, 119, 126, 127, 136, 139, 161, 168, 170, 195, 196, 199, 200, 219, 227, 228, 254, 258, 259.

Le feuillet 78 est répété cinq fois.

Tome II.

Chants populaires de Léon (suite). — Volume de 292 feuillets. — Manquent 20 feuillets.

Le t. III contient les chants du Trécorrois, du Goello et de la Cornouaille. Il contient 211 feuillets. — Beaucoup de lacunes, comme dans les précédents. C'est dans ce vol. que se trouve la *Vieille Ahès : Groac'h Ahès*, p. 121.

Le tome IV contient les chants bretons recueillis par Mme de Saint-Prix, de Morlaix, partie dans les Côtes-du-Nord, à Callac et aux environs, partie à Morlaix. 122 feuillets. — Nombreuses lacunes.

Dans le tome V, qui est de 119 feuillets, on a rassemblé des fragments, résidus et notes de MM. de Penguern et Kerambrun. On y trouve des projets et des brouillons de pièces de Kerambrun, avec ratures et tâtonnements. A la page 51 du t. III existe également un brouillon de *gwerz* incomplet, de sa composition. A la page 52 (ibid.), il se trouve un projet de chant patriotique, resté incomplet, et portant le titre de *Roué ann Arvor*, le roi d'Armor. Chaque volume a sa table des matières, dressée par M. de Penguern lui-même, et il suffit d'y jeter un coup d'œil pour voir qu'un nombre considérable des morceaux qui y sont indiqués ont disparu, dans les pérégrinations de la collection depuis la mort de M. de Penguern jusqu'au dépôt qui en a été opéré à la Bibliothèque nationale, en décembre 1878. — Ces soustractions portent principalement sur les pièces où le clergé breton des XVIe, XVIIe et XVIIIe s. est représenté sous un jour défavorable, au point de vue des mœurs.

La collection de Penguern a été rassemblée de 1840 à 1852, dans les arrondissements de Lannion et de Morlaix, pendant le séjour de M. de Penguern dans ces deux arrondissements, comme juge de paix du canton de Perros-Guirec, d'abord, puis du canton de Taulé. Si cette collection contient plusieurs pastiches de M. Kerambrun, assez faciles à reconnaître, du reste, elle n'en offre pas moins un intérêt sérieux. Le nombre des pièces authentiques y domine de beaucoup, et M. de Penguern était un collecteur consciencieux, plein de respect pour les textes populaires, qu'il recueillait et reproduisait avec exactitude. M. Kerambrun lui-même ne voyait dans ses pastiches qu'un exercice littéraire et poétique, sans importance historique, et l'exemple lui en était d'ailleurs donné par des personnages connus, et qui joignaient à l'approbation et aux encouragements de la science officielle la faveur du public.

Sauf pour les *soniou*, la collection de Penguern contient peu de morceaux authentiques qu'on ne rencontre pas dans les *Gwerziou Breiz-Izel* de M. Luzel ; mais les variantes intéressantes y sont nombreuses.

C'est M. le docteur Halléguen, resté seul propriétaire de la collection de M. de Penguern, après avoir partagé pendant quelque temps cette propriété avec MM. Luzel et Hippolyte du Cleuziou, qui en a opéré le dépôt à la Bibliothèque nationale, en décembre 1878. Ce dépôt se compose en réalité de trois collections, réunies et classées par M. de Penguern : celle de M. de Penguern d'abord, puis celle de Mlle de Saint-Prix et celle de Kerambrun [1].

MUSIQUE.

DUMOULIN (A.). Grammatica latino-celtica, Pragæ Bohemorum, 1800. In-8°.

Donne à la fin, p. 185-194, *Sacra Cantamina* et *Profana Cantamina*, texte breton, trad. latine et musique.

Ann hani goz, et chanson d'une Bretonne pour endormir son enfant, paroles bretonnes, trad. anglaise et musique, publiées par Carnhuanawc dans 'A tour through Britanny', dans le *Cambrian Quarterly Magazine*, t. II (1830), p. 38-40, et reproduit dans les *Literary Remains* of Th. Price (Carnhuanawc), Llandovery, 1854, t. I, p. 22-24.

Ann hini goz. Paroles bretonnes, trad. franç. et musique, dans Perrin et Bouet, *Breiz-Izel*, t. III, p. 66.

Neuf airs bretons notés dans :

LE JOUBIOUX. Doue ha mem bro. Dieu et mon pays, poésies bretonnes. Vannes, J.-M. Galles, 1844, in-8° de 91 p. Les airs (en plainchant) ne sont pas paginés.

CHARDIN (P.). Air breton du comte Guillou (musique). (*Mélusine*, col. 148.)

1. Cette notice sur les mss. de la collection Penguern nous a été communiquée par M. Luzel. — Une notice sur M. de Penguern a été publiée dans le *Collectionneur breton* de 1862, p. 85, qui à certaine époque paraissait comme supplément à la *Revue de Bretagne et de Vendée*.

FISCHER. Note sur l'origine de l'air Ann hini Goz. — Dans le Bull. de la Soc. arch. du Finistère, t. VII (1879, p. 67-69).

CHANSONS FRANÇAISES RECUEILLIES EN PAYS BRETONNANT.

LA VILLEMARQUÉ. Sont les fill's de la Rochelle, p. 54. (Instructions relatives aux poèmes populaires de la France.)

MILIN (G.). La prise de la Grenade.

Keppel, bataille navale d'Ouessant. (Dans la tour de plomb, etc.)

E. ROLLAND. La bergère résignée (avec musique). (Dans *Mél.*, col. 99-101.)

La magicienne (avec musique). (*Mél.*, col. 123-125.)

La chanson du rendez-vous (avec musique). (*Mél.*, col. 285-287.)

L'arrivée des navires (avec musique). (*Mél.*, col. 337.)

Les derniers adieux. (*Mél.*, col. 389-390.)

Le mari cruel (avec mus.). (*Mél.*, col. 435.)

Le canard blanc. (*Mél.*, col. 459, avec musique.)

SAUVÉ (L.). Sainte Catherine (à Brest). (*Mél.*, col. 508-510.)

Les noces de la bécasse et de la perdrix. (*Mél.*, col. 552-53.)

E. ROLLAND. Almanach des traditions populaires. Paris, Maisonneuve, 1882, in-18.

Contient 16 chansons recueillies à Lorient, mais populaires en Haute-Bretagne; sont accompagnées de la musique.

Le Comité des Sociétés savantes a reçu à plusieurs reprises des chansons françaises recueillies dans la partie bretonnante de la Bretagne; elles se trouvent dans la collection déposée à la Bibliothèque nationale, département des manuscrits.

DEVINETTES.

SAUVÉ. Devinettes bretonnes, texte breton et traduction française. (*Revue celtique*, 1879, t. IV, p. 60-64.)

ID. Formulettes françaises recueillies en pays bretonnant. (*Mélusine*, col. 170 et 510.)

Formulette bretonne. (*Mél.*, col. 319.)

ID. Formulettes et traditions diverses de la Basse-Bretagne, texte breton et trad. franç. (*Rev. celt.*, V, 157-194.)

PROVERBES ET DICTONS.

Brizeux. Furnez Breiz, Sagesse de Bretagne, ou recueil de proverbes bretons. In-12. Lorient, 1855. — Réimprimé dans les œuvres complètes de Brizeux.

Mgr Le Joubioux. Proverbes bretons, chants bretons. (Bull. de la Soc. archéol. du Morbihan, année 1858.) Vannes, 1860.

Krenn-Lavarou (proverbes) 27. Dans Almanak Breiz-Izel, 1872.

Lavariou-Koz, dans Troude, Dictionnaire breton-français. Brest, Lefournier, 1876, p. 793-823.

Sauvé. Proverbes et dictons de la Bretagne. (*Rev. celt.*, t. I, II, III.) Tiré à part sous ce titre : Proverbes et dictons de la Basse-Bretagne recueillis et traduits par L.-F. Sauvé. Texte breton et français. In-8°, VII-168 p. Paris, Champion.

Donne dans la préface l'indication de recueils antérieurs de proverbes bretons.

Sentences proverbiales en vers français, traduction bretonne en regard aussi en vers dans le *Journal de Pontivy*, 20 février, 26 mars, 2 et 9 juillet 1876.

COSTUMES.

Le Meder. Galerie armoricaine. Nantes, Charpentier, 1846-47. 2 v. in-fol. avec lithographies par Fel. Benoit. (*Le Meder* 'le Moissonneur'. Pseudonyme de Jean-Louis Chevas, né à Pornic.)

E. Maillard. Le bourg de Batz : monuments et paysages ; industrie et costumes. 6 feuilles de placards in-fol.

Lalaisse et Benoist. Galerie armoricaine ; costumes et vues pittoresques de la Bretagne. Nantes, s. d. In-fol., fig. col.

Les Français peints par eux-mêmes. (*Le Breton*, liv. 72-81.) Paris, J. Philippart.

L. Bureau. Études sur le bourg de Batz. Association française. Congrès de Nantes, 1875. Quelques dessins de costumes.

L. Bureau. Le bourg de Batz, Loire-Inférieure. Costume de relevailles. (*Mél.*, col. 15-17.)

Dans la Bretagne artistique (*passim*).

Du Cleuziou (H.). L'art gaulois et les broderies bretonnes. (Bretagne artistique, t. I, n° 1 (juillet 1880) avec grav. p. 21.)

Tisbères (Louis). Le mobilier rustique breton. (Bretagne artistique, t. II, n° 3, p. 120-135.)

Parenteau (F.). Les bijoux bretons. (Ibid., t. I, n° 2, p. 72-80.)

Feu M. Le Men, l'organisateur du musée départemental d'archéologie à Quimper, y a établi une collection de costumes bretons authentiques, montés sur des mannequins de grandeur naturelle.

M. Enard, photographe à Nantes, rue Crébillon, avait formé une remarquable collection de photographies des Bretons du bourg de Batz, de Guérande, etc. — M. Mage, photographe à Brest, rue de Siam, en avait également formé une.

On trouve à Quimper, chez M. Villars, photographe, rue Kerécon, une remarquable collation des anciens costumes du Finistère, reproduits avec une exactitude irréprochable, nous dit M. Luzel.

ICONOGRAPHIE.

Barthélemy (A. de). Lettre à M. Hucher sur l'iconographie de quelques saints de Bretagne. 1858. Pet. in-8°. (Extrait de la *Revue de l'art chrétien.*)

Essai d'iconographie et d'hagiographie bretonne, par M. J. Gaultier du Mottay. Saint-Brieuc, Prudhomme, 1869. In-8° de 177 p. (Extrait des Mémoires de la Soc. arch. et hist. des Côtes-du-Nord.)

RÉBUS.

Le musée archéologique du Finistère à Quimper contient les bois de deux rébus, l'un français, l'autre par moitié français et par moitié breton. Chaque rébus commence par le mot DIUINAIL. Ces bois sont du XVIIe siècle.

THÉATRE POPULAIRE.

I.

OUVRAGES IMPRIMÉS.

Souvestre. Les derniers Bretons. Les chapitres IV (tragédies), V (drames) donnent l'analyse et des morceaux entiers de plusieurs pièces du théâtre breton.

Rapport de M. Luzel, chargé d'une mission littéraire en Basse-Bretagne, sur des pièces de théâtre manuscrites en bas-breton, dans la séance du 19 janvier 1846 du Comité historique des monuments écrits.

Ce rapport n'a pas été publié, mais il est signalé dans les Extraits des procès-verbaux des séances du Comité historique des monuments écrits. Paris, 1850, p. 313.

Rapport de M. Magnin sur l'envoi de M. Luzel. — Observations de M. de Carné. — Séance du 16 février 1846 du même Comité. Ibid., p. 316-7.

La légende de saint Armel, mise en vers français, sous forme de tragédie, par messire Baudeville, représentée en 1600 à Ploërmel, publiée pour la première fois par Sigismond Ropartz. Saint-Brieuc, Prudhomme, 1858. 1 vol. gr. in-4° de 135 p. avec planches.

A Breton Pleasant-Play. Dans le *Cornhill Magazine* de janvier 1878.

Pastorales pour les fêtes de Noël et de l'Épiphanie.

Bucé en tri Roué, pe en Hoari Rouééd. Guénèd (Vannes), 24 p. in-18.

Pastorale sur la naissance de Jésus-Christ, avec l'adoration des bergers et la descente de l'archange saint Michel aux Limbes, revue et corrigée, dédiée aux dévots à l'Enfant Jésus, par frère Claude Macée, ermite de la province de Saint-Antoine. Vannes, Galles, 48 p. in-18.

D'Arbois de Jubainville. Le mystère des Trois Rois à Vannes. *Revue celt.*, t. II, p. 248-250.

Pastoral var Guinivelez Jesus-Christ, gant Adoration ar Bastoret hac ar Rouane, Disqen an Arc'hel Sant Mikel ebars el Limbou, Massacr an Inoçantet ha Nouelliou nevez. Dediet d'an dud devot d'ar Mabik Jesus. Montroulez[1], Ledan, 82 p. in-18.

Drames et Mystères.

An Passion, etc. Paris, Quillévéré, 1530, in-24. Nouv. éd. à Morlaix, chez G. Allienne, 1622, in-32.

Réimprimé par M. de la Villemarqué dans la publication suivante :

Le grand Mystère de Jésus. Passion et Résurrection. Drame breton du moyen âge, avec une étude sur le théâtre chez les nations celtiques, par le vicomte Hersart de la Villemarqué, membre de l'Institut. Paris, 1865, in-8° de cxxxv-263 p.

Art. de M. P. M[eyer] dans la *Revue critique*, 1866, t. I, p. 219-229, et de M. Halléguen, *ibid.*, p. 313.

¶ Aman ez dezrou buhez sã || te Barba dre rym : euel maz || custumer he hoary en goelet || breiz. *E Paris nevez impri- || met | gant Benard de*

1. Remarquons une fois pour toutes que Montroulez est le nom breton de Morlaix.

leuac. || ¶ *Imprimet : E : Paris euit* || *Bernard de Leau pe hiuy :* || *a : chome e mouutroulles* [sic] || *var pont bourret* || *en Bloaz.* || M. D. LVII [1557]. — *Finis.* Pet. in-8° goth. de 96 ff. non chiffr. de 34 lignes à la page, impr. en lettres de forme, sign. A.-L.

Au titre un petit bois qui représente sainte Barbe.

Au v° du dernier f., au-dessous de 12 lignes de texte, la marque de *Bernard de L'Eau.*

Un exemplaire de cette édition se trouvait en 1880 entre les mains d'un amateur breton, M. Prudhomme. Cet exemplaire était incomplet de plusieurs feuillets.

Nous devons à M. Emile Picot la description de ce rarissime ouvrage.

La Bibliothèque nationale possède une autre édition de ce mystère dont voici la description :

Amant ez || dezraou Buhez || Santes Barba dre rym, || euel maz custumer he hoary en, || Goelet Breiz. || Gant curiou an Itron sanctes Barba || hac he Offiçou amplamant. *E Montroulez,* || *Gant Ian Hardouyn, Imprimer* || *ha Librer, peheny à chom é Rû,* || ... MDCXLVII [1647]. In-16 de 206 p.

Au titre, un bois qui représente le Christ en croix.

Le texte commence, au verso du même titre, par un prologue, et se termine à la p. 198. Les pp. 199-206 contiennent les *Heuriou sanctes Barba.*

L'imprimeur *Jean Hardouyn* s'établit par la suite à Quimper, où il publia, en 1659, un livre du P. Julien Maunoir : *Le sacré Collège de Jésus divisé en cinq classes,* etc., in-8° (Biblioth. nat., D, 5095).

L'exemplaire du mystère que possède la Bibliothèque nationale (Y, 6180. Rés.) a été trop rogné. Le premier mot de la dernière ligne a été presque entièrement emporté par le couteau du relieur; la date elle-même n'est pas certaine.

Dans la seconde moitié du XVI° siècle, il a été imprimé, nous assure-t-on, un Mystère de saint Guennolé ; mais nous n'avons pu nous procurer de renseignements précis à cet égard et nous ignorons où il en existe encore des exemplaires.

Buez ar Pévar mab Emon, duc d'Ordon, laqet e form un drajedi. Montroulez, Lédan, 1818, 416 p. in-8°.

Buez ar Pévar mab Emon, duc d'Ordon, laqet e form un drajedi, ha reizet en urz gant A. L. M. L. Montroulez, Lédan, 1833, 408 p. in-12.

Ces deux éditions donnent l'acte VII en prose.

Buez ar pévar mab Emon, duc d'Ordon, laqet e form eun drajedi ha reizet en urz gant A. L. M. L. Montroulez, Lédan, 1866.

Cette édition est la quatrième, nous a dit l'éditeur. Elle donne l'acte VII en vers.

Tragedien sant Guillarm, condt deus a Poetou. 128 p. in-18. Montroules, Guilmer, 1815.

Nouvelle édition du même ouvrage, 128 p. in-18. Montroulez, Haslé, 1872.

Buhez Santez Nonn, ou Vie de sainte Nonne, et de son fils saint Devy (David), archevêque de Menevie en 519. — Mystère composé en langue bretonne antérieurement au XIIe siècle, publié d'après un manuscrit unique, avec une introduction par l'abbé Sionnet, et accompagné d'une traduction littérale de M. Legonidec. Paris. Merlin, 1837, in-8° de L-212 p.

Tiré à 300 exemplaires.

Sainte Tryphine et le roi Arthur, mystère breton, en deux journées et huit actes, publié et précédé d'une introduction par M. F. M. Luzel; texte revu et corrigé d'après les manuscrits de l'abbé Henry. Quimperlé, Clairet, 1863, XLIV-453 p. in-8°.

Art. de M. Reinhold Kœhler, dans la *Revue celtique*, t. I, p. 222-225.

LUZEL. Une représentation de sainte Tryphine. (*Revue celtique*, III, 386-394.)

Trajedi Jacob, les hanvet Israël, patriarch Hebrean, reizet gant A. L. M. Lédan. Montroulez, Lédan, 1850, 310 p. in-18.

Dans le même volume, p. 141-310, Trajedi Moyses, lesennour an Hebreanet, reizet gant A. L. M. Lédan.

Buez Santez Helena. Lannion, Ar Goffik, 1862, 107 p. in-18.

Buez Santez Genovefa, Tragedienn en try act gant eur Proloc en pep act. Lanhuon, Ar Goffik, 1864, 298 p. in-18.

Buez Louis Funius, Dijentil ha pec'her Bras, Trajedien en daou act, gant eur proloc vit peb act. Lanhuon, Ar Goffic, 1871, 166 p. in-18.

Trajédi Sant Bihui. Guenèd, Galles, 1875, 58 p. in-18.

II.

OUVRAGES MANUSCRITS.

Collection de la Bibliothèque nationale.

La Bibliothèque nationale possède, outre le ms. de la Vie de sainte Nonne publié par M. l'abbé Sionnet en 1837 (voir plus haut), une collection de mystères et drames bretons, formée par M. Luzel en 1863;

M. Luzel avait reçu à cet effet une mission du ministère de l'instruction publique.

Nous les énumérons d'après le catalogue du fonds celtique et breton, au département des manuscrits. Tous ces mss. sont sur papier.

N° 12. Le mystère de la Création, in-fol. XVIIIe siècle.

N° 13. Le mystère de la Passion et de la Résurrection. 1 vol. in-fol. XVIIIe siècle.

N° 14. Le mystère de saint Jean-Baptiste. 1 vol. in-4°. XIXe siècle (1847).

N° 15. Le mystère de saint Jean-Baptiste. 1 vol. in-fol. XIXe siècle.

N° 16. Le mystère de Jacob et de ses fils; le mystère de Moïse. 1 v. in-fol. pap. XVIIIe siècle.

N° 17. Le mystère de la Vie de sainte Anne. 1 vol. in-fol. papier. XIXe siècle.

N° 18. Tragédie de la naissance de l'Enfant Jésus. 1 vol. in-4°. XIXe siècle.

N° 19. Le mystère de l'Enfant prodigue. 1 vol. in-4°. XIXe siècle.

N° 20. Le mystère de saint Crépin et saint Crépinien. 1 vol. in-fol. XVIIIe siècle.

N° 21. Le mystère de saint Laurent, 1 vol. in-fol. XVIIIe siècle.

N° 22. Le mystère de sainte Tryphine. 1 vol. in-fol. XIXe siècle.

N° 23. Le mystère de sainte Tryphine et le roi Artus. 1 vol. in-fol. XIXe siècle.

N° 24. Le mystère de sainte Geneviève de Brabant. 1 vol. in-fol. XIXe siècle.

N° 25. Tragédie de sainte Geneviève. 1 vol. in-fol. XIXe siècle.

N° 26. La Vie de Geneviève, princesse de Brabant. 1 vol. in-fol. XIXe siècle.

N° 27. La tragédie de saint Martin; la tragédie de saint Louis. 1 vol. in-fol. XIXe siècle.

N° 28. Le mystère d'Eulogius, patron des maçons; en 2 journées, 5 actes, 5 prologues, 2 épilogues; suivi d'un prologue du Jugement dernier. 1 vol. in-fol. XIXe siècle.

N° 29. Louis Ennius, ou le Purgatoire de saint Patrice. 1 vol. in-fol. XIXe siècle.

N° 30. Le mystère de sainte Hélène. 1 vol. in-fol. XIXe siècle (1840).

N° 31. Le mystère de saint Antoine. 1 vol. pet. in-4°. XIXe siècle.

N° 32. Le mystère de Charlemagne et des douze Pairs de France. 1 vol. pet. in-4°. XIXe siècle.

Nº 33. Le mystère de Charlemagne suivi du Carnaval, farce, 1 vol. in-fol. XIXe siècle.

Nº 34. 1º Orson et Valentin, poème chevaleresque, en 3 journées, 9 actes, 9 prologues et 3 épilogues; 2º Ourson et Valentin, tragédie. 1 vol. in-fol. XIXe siècle.

Nº 35. Les quatre fils Aymon. 1 vol. in-fol. XIXe siècle.

Nº 36. Pierre de Provence et la belle Maguelonne. 1 vol. in-fol. XIXe siècle.

Nº 37. Jérusalem délivrée, ou Godefroi de Bouillon. 1 vol. in-fol. XIXe siècle.

Nº 38. Vie de la princesse Athenaïse, fille du roi de Lombardie. 1 vol. in-fol. XIXe siècle.

Nº 39. Cognomerus, ou Comorre et sainte Tryphine. 1 vol. in-4º oblong. XIXe siècle.

Nº 40. Chédoni et Helena Rosalba. 1 vol. in-fol. XIXe siècle.

Nº 41. Fadlala. 1 vol. in-fol. XIXe siècle.

Nº 43. Huon de Bordeaux, drame en 6 actes. 1 vol. in-fol. XVIIIe s.

Nº 44. Les quatre fils Aymon. 1 vol. in-fol. XVIIIe siècle.

Nº 45. Louis Ennius, ou le Purgatoire de saint Patrice. 1 vol. in-fol. XIXe siècle.

Nº 46. La vie du patriarche Jacob et de ses fils. 1 vol. in-fol. XIXe s.

Nº 47. 1º Jacob et ses fils; 2º Moïse. 1 vol. in-fol. XVIIIe s. (1758).

Nº 48. Sainte Anne. In-fol. XVIIIe siècle.

Nº 49. Saint Jean-Baptiste. 1 vol. in-fol. XVIIIe siècle.

Nº 50. La conquête de Charlemagne. 1 vol. in-fol. XIXe siècle.

Nº 51. Robert le Diable, drame en 6 actes et en 2 journées. 1 vol. in-fol. XVIIIe siècle (1741).

Nº 52. La fille aux cinq amoureux, comédie. 1 vol. in-fol. XIXe siècle.

Nº 53. Guillaume, comte de Poitou, suivi d'Arlequin, scène comique. 1 vol. in-fol. XVIIIe siècle.

Nº 54. Saint Pierre et saint Paul. 1 vol. in-4º. XIXe siècle.

Nº 55. Sainte Hélène. 1 vol. in-4º. XIXe siècle.

Nº 56. Charlemagne. 1 vol. in-4º. XIXe siècle.

Nº 57. Le Jugement dernier. 1 vol. in-4º. XIXe siècle.

Nº 58. Guillaume, comte de Poitou. 1 vol. in-4º. XIXe siècle (1811).

Nº 59. Jacob et ses fils. 1 vol. in-4º. XIXe siècle (1837).

Nº 60. Moïse. 1 vol. in-4º. XIXe siècle.

Nº 61. Destruction de Jérusalem par Titus. 1 vol. in-4º. XIXe siècle.

N° 62. Saint Guennolé, avec la submersion de la ville d'Is. 1 vol. in-4°. XIXe siècle (1832).

N° 63. Saint Guigner. 1 vol. in-4°. XIXe siècle (1839).

N° 64. Sainte-Tryphine. 1 vol. in-4°. XIXe siècle.

N° 65. Saint Pierre et saint Paul. 1 vol. in-4°. XIXe siècle.

N° 96. Mystère de sainte Geneviève de Brabant. 1 vol. in-8°. XIXe s.

N° 97. Mystère de saint Guennolé. 1 vol. in-4°. XIXe siècle

N° 98. Mystère de Charlemagne et des douze Pairs. 1 vol. in-4°. XIXe siècle.

N° 99. 1° Allonzor; 2° Flavia. 1 vol. in-4°. XIXe siècle.

N° 100. Mystère de saint Garand, saint Denis et saint Clément. 1 vol. in-fol. XIXe siècle.

Collection de M. Luzel.

M. Luzel, archiviste du Finistère, à Quimper, possède encore quelques mystères et drames bretons manuscrits dont il a bien voulu nous communiquer la liste.

La vie des Quatre fils Aymon, par moy Etienne Le Bourdonnec demeurant en sa maison, au lieu de Kerroual, commencé aujourd'huy le 9 aoust 1784, in-fol. de 427 p. numérotées.

A la fin on lit : Gand aprobation en deus tennet anotro ar chanchellier eul livre jntitulet ar pevoar map a Aymon, deus a pehinin e permetter err eimpriman ac en gallec a brézounec, en Paris ar 27 juin 1737. — Signet Clerier ? — En breton par maitre Pierre Lebruno. maitre d'école an sa maison au Vieux-marché de Plouar[et]. Ecrit par moy, Étienne Le Bourdonnec. Fini aujourd'huy le 24 janvier lan 1785.

Abrégé euz a Bassion hon zalver Jesus-Christ, 1846. 100 pages in-4°, 32 lignes à la page, en moyenne, sans prologue ni épilogue, ni distribution par actes. — Un sommaire des scènes que contient la pièce, aux pages 1 et 2. — Mauvaise versification. Fait par Auguste Corre, de Morlaix, en 1846. — Représenté pour la première fois, le 9 mars 1847, dans la maison du Tartre.

J'ai déposé à la Bibliothèque nationale un autre manuscrit de la Passion, meilleur, sous tous les rapports, avec prologues et épilogues, langue et versification correctes, ou peu s'en faut.

Tragédie a bue Jacob hag e Vugule. Ar hahier-man apparcant dimé, Joseph Coat, o chom rue Sant Ervoan, en paros Sant Vazé, en Montroules, 1831. — 81 pages in-folio de 38 lignes, en moyenne, à la page, sans prologues ni épilogues ni divisions par actes et scènes. Langue et versification mauvaises.

Cahyer-Tragedi. — Buez santes Triffina ac he friet Artur, roue Breiz-vihan, pini a regné er blavessio ar c'huec'hvet siecl. Curunet e voe er blaves pemp cant eiz. He falès a voa er gér gapital, pini a voa Brest.

Ar vue-man zo abreget dre enommé (par moi) Auguste Le Corre, né à Lannion, le 23 août 1807.

Commancet da gopia an 20 a viz Guenver 1844. — Ac echuet ar bevarzec a viz c'hoerver 1844.

Réduction en une seule journée de la pièce de Sainte Tryphine, à l'usage de la troupe de Morlaix, par un des acteurs, du nom de Auguste Le Corre.

Manuscrit de 100 pages in-folio, de 38 lignes en moyenne à la page, sans division par actes. — Un seul prologue, au commencement de la pièce. — Pas d'épilogue.

Buhez sant Guennolé. — Tragédie en une journée et six actes.

Mon manuscrit, qui est une copie faite, par moi-même en 1849, d'après un cahier appartenant à un cultivateur nommé Thomas, demeurant à Porz-Laz, en la commune de Saint-Michel-en-Grève (Côtes-du-Nord), est un in-4°. La pièce contient 2,380 vers, d'une langue et d'une versification assez bonnes. Les actes, qui sont au nombre de six, ne sont pas précédés de prologues, et l'épilogue final fait également défaut. — Le dernier acte contient la submersion de la ville d'Is. — C'est une pièce curieuse autant que rare. Je n'en connais aucun autre manuscrit. Dom Le Pelletier la mentionne, dans son *Dictionnaire de la langue bretonne de* 1752.

M. de la Villemarqué m'a dit en avoir vu une impression du XVIe s., je crois. Il serait intéressant de pouvoir comparer le manuscrit populaire avec le livre imprimé ; mais, celui-ci est introuvable, parait-il. On pourrait ainsi constater dans quelles proportions les copistes modifient et altèrent les textes primitifs.

Buhez ann aotro Sant Iann.—Badezour, en une journée, quatre actes avec autant de prologues et un épilogue final. Le manuscrit a été copié par moi, en 1844, sur un autre manuscrit, aujourd'hui perdu, appartenant à Yves Prigent, de Plouaret, et portant la date de 1763. Il contient 110 pages in-4°, numérotées, avec 60 lignes, en moyenne, à la page. La langue, en dialecte de Tréguier, est bonne et le vers est généralement correct. Les vers faux sont faciles à redresser, par la suppression ou l'addition d'une syllabe ou deux. Les prologues et l'épilogue contiennent quelques détails intéressants pour l'histoire des représentations populaires.

Les manuscrits de ce mystère sont rares. Il n'a jamais été imprimé.

Sur une marge du manuscrit de Yves Prigent, j'ai trouvé cette soustraction :

$$\begin{array}{r} 1765 \\ 1696 \\ \hline 0069 \end{array}$$

ce qui ferait supposer qu'il a été copié sur un manuscrit de 1696, lequel lui-même pouvait n'être qu'une copie d'un autre plus ancien.

Cahier Tragédy deus a vue Yan a Baris composet er blavès 1826, a grêt ganeme Job Coat, a chom en Montroullès, en paros Sant Vazé, en rue Sant Ervoan, en numero daou, en Montroullès.

39 feuillets in-4°, 70 pages non numérotées de 34 lignes, en moyenne, à la page. — Un seul prologue, au commencement de la pièce. Pas de division par actes. C'est l'histoire dialoguée de *Jean de Paris*, d'après le roman ou conte français bien connu du XVIe siècle. Manuscrit assez bien conservé. — Versification mauvaise.

L'auteur est Joseph Coat, un acteur de l'ancienne troupe de Morlaix qui traduisait et arrangeait pour la scène tous les livres français et pièces de théâtre qui lui tombaient sous la main, depuis Athalie et Mérope, jusqu'à la Jérusalem délivrée, la Tour de Nesle et Agnès de Méranie. Il a ainsi composé une centaine de pièces, dont je possède une douzaine. Mais hélas, rien de Shakespeare ou de Racine ; pas une lueur de génie, ni même de talent.

Santès Genovefa (sainte Geneviève). Manuscrit assez bien conservé. Ecriture facile à lire. 83 feuillets in-folio ou 166 pages numérotées, de 36 lignes l'une, en moyenne. Dans les dialogues, les noms des personnages occupent une ligne. — Le titre manque. — La pièce est pourtant complète. — Les divisions ne me semblent pas indiquées d'une manière bien claire. A la page 82, on lit à la marge : Ann act creiz d'ann eil devès (l'acte du milieu de la seconde journée). — A la page 114 : *Fin* d'ann eil devès hag impilog (fin de la seconde journée et épilogue). Puis immédiatement après : Prolog ann driet devès a autré. Le prologue (c'est-à-dire l'acteur qui récite le prologue) de la troisième journée entre. De telle façon que l'on serait tenté de croire que la pièce est en trois journées et six actes ; mais l'étendue du manuscrit ne nous permet de croire qu'à l'existence de deux journées au plus. Les prologues, au nombre de quatre, et les épilogues, au nombre de deux, sont renvoyés à la fin du manuscrit, où ils occupent 24 pages non numérotées, plus trois pages pour une moralité de la pièce. Langue et versification assez bonnes, en général. Plusieurs monologues intéressants et quelques scènes pathétiques. Le nom de Dominique le Rolland, de Plourivo, qui se lit à plusieurs pages, entre autres tout au bas de celle où finit le dernier prologue, est sans doute celui du propriétaire, ou peut-être du copiste. Pas de date.

Huon de Bordeaux. — Le titre manque. — Pièce en une journée et 4 actes, sans prologues ni épilogues, si ce n'est pourtant un court prologue, au commencement. — Manuscrit de 91 pages in-folio, avec 42 ou 44 lignes, en moyenne, à la page. Point de nom d'auteur ou de copiste, ni de date, ni de lieu de provenance. La langue est celle de Tréguier. Versification très négligée. Il existe de meilleures versions de la même pièce. — Bonne écriture et manuscrit assez bien conservé. A appartenu à l'ancienne troupe dramatique de Morlaix.

Orson et Valentin. Le titre manque, avec deux pages au commencement et plusieurs à la fin. Le manuscrit, tel qu'il est, a 72 pages, avec 28 ou 30 lignes, en moyenne, à la page.—Aucune division par journées ou actes. Ni prologues ni épilogues. C'est tout simplement, comme Huon de Bordeaux, une histoire ou plutôt un conte dialogué, d'après le roman français du Cycle de Charlemagne. Rien qui indique l'auteur, ou le copiste, ou le lieu de provenance. L'écriture est la même que celle du copiste de Huon de Bordeaux et de Louis Ennius. Comme ces deux manuscrits, celui-ci a appartenu à l'ancienne troupe de Morlaix. J'ai eu entre les mains, vers 1863, une copie plus complète et meilleure, sous tous les rapports, avec divisions par journées, actes, prologues et épilogues.

Louis Ennius, ou le Purgatoire de saint Patrice. — Manuscrit incomplet, de 20 feuillets, 40 pages in-folio de 50 lignes, en moyenne, à la page, sans divisions par journées ni actes, sans prologues ni épilogues. — Il manque deux pages, au commencement, sans compter le prologue, et plusieurs à la fin. Le manuscrit s'arrête au moment où Louis Ennius, converti, après une vie de désordres et de crimes, va se rendre en Irlande pour faire le pèlerinage du puits de saint Patrice. Cette copie a appartenu à l'ancienne troupe de Morlaix. — J'ai de la même pièce une version plus complète, avec prologues et un épilogue fort curieux, mais en traduction française seulement, n'ayant pu acquérir le manuscrit, qui s'est égaré depuis, ni l'obtenir que pendant huit jours seulement, en 1847. C'est M. Guilmer, imprimeur à Morlaix, qui en était alors possesseur. Toutes mes recherches chez ses héritiers et son successeur, M. Haslé, ont été infructueuses. Mme Le Goffic, de Lannion, a imprimé ce mystère curieux, en 1871, sous le titre de Louis Eunius. Je crois qu'il en existe aussi une copie dans la collection que j'ai déposée à la Bibliothèque nationale.

Buez an aotrou sant Garan, patram er barrous a Gavan, ha buez sant Denès (ha) sant Clémant. Fait par moy, Jean Godest, de .... en Trézélan, l'an dix de la République française.

Un peu plus bas on lit encore :

Bue an autro sant Garan, patram demeus a barous Cavan. — Fait par P. Peron.

Je les soupçonne tous les deux, Godest et Péron, de n'être que des copistes.

Manuscrit de 296 pages in-folio, de 36 lignes à la page, en moyenne, recouvert de parchemin. Il manque au commencement les deux premières pages du premier prologue. La moitié inférieure du second feuillet a aussi disparu. Il règne beaucoup de confusion dans la division des journées et des actes. — Le 1er acte finit à la page 43 ; à la page 44, commence le prologue du 2e acte. Vient ensuite une lacune complète de 4 pages. Le 2e acte et la 1re journée finissent à la page 65. Le ms. porte au bas de cette page : *ici manque un impillocq.* — Le 3e acte commence à la page 70 et le prologue qui devait le précéder manque aussi. A la fin de la page 97, je lis : Prolog voar suget an trédé acte (ne serait-ce pas le 4e ?). — Au bas de la page 147, on lit : Fin d'an trede act — Eil prolog an eil dévès — Prolog sant Dénès er pagen en tu all. — A la page 178, on trouve un prologue, sous le titre de Prolog ar verdaidi, le prologue des matelots. Il ne précède pas un acte, comme cela est de règle ordinairement. A la page 223, on lit : Breman commanz act ar Vretoned — A présent commence l'acte des Bretons ; puis, suit le Prolog Plestin, ou le prologue de Plestin, où l'on voit saint Garan débarquant dans la commune de Plestin, au lieu nommé Trégaran, pour y convertir les habitants, alors idolâtres. De Plestin il se rendit dans le pays qui porte aujourd'hui le nom de Cavan, et y signala aussi son séjour par des miracles et de nombreuses conversions.

A partir de la page 241 jusqu'à la fin, le ms. est rongé à l'angle supérieur des pages, et peu à peu les lacunes du papier vont s'augmentant et ne permettent plus de lire qu'une partie des vers, la première partie dans les pages de recto, et la seconde, dans celles de verso.

Cette pièce est rare et intéressante. Je n'en connais pas d'autre exemplaire que le mien. Je l'ai trouvé au fond d'une armoire humide, dans la commune de Cavan, arrondissement de Lannion. La lecture en est difficile, à cause de la pâleur de l'encre et surtout la saleté du papier, enfumé, maculé de suif et tout crasseux.

Sainte Tryphine. — Manuscrit couvert de cuir noir, contenant 100 feuillets ou 200 pages in-folio de 34 à 36 lignes l'une, en moyenne. Le titre manque, ainsi que la moitié du 1er prologue, et l'autre moitié est peu lisible. — Division en deux journées et 8 actes. — Chaque journée se termine par un épilogue et chaque acte est précédé d'un prologue. Une moralité, ou bouquet, qui termine la pièce, est lacérée et réduite à un fragment presque illisible. Sur la dernière page du manuscrit, avant l'épilogue final, on lit en français : Ce présent livre appartient à moy, Jean le Ménager, fournier, de la paroisse de Pluzunet, ce jour 13 février 1816. C'est aussi lui qui est le copiste, et je reconnais parfaitement son écriture, pour l'avoir rencontrée souvent. C'était un vieil acteur breton, comme Claude Le Bihan, de la même commune, et tous les deux avaient une nombreuse collection de mystères manuscrits, dont plusieurs m'ont passé par les mains. C'est du fils de Jean le Ménager, Bertrand le Ménager, forgeron, à Pluzunet, que je tiens cette copie de Sainte Tryphine, ainsi que quelques autres manuscrits.

La seconde journée s'ouvre par le long et curieux prologue où l'on voit une demoiselle en voyage traverser à cheval la place publique d'un bourg pendant qu'on y représente la pièce, et s'arrêter pour interroger l'acteur qui est en scène et récite son prologue devant un nombreux auditoire. Elle s'informe auprès de lui de l'objet d'une si grande réunion populaire et demande à être instruite de ce qui s'est passé dans la première journée, à laquelle elle regrette de n'avoir pu assister.

L'acteur s'empresse de la satisfaire, et les spectateurs de la seconde journée qui n'ont pu assister à la première sont ainsi mis au courant de l'action, jusqu'au moment où on la reprend.

C'est ce manuscrit qui m'a servi pour mon édition de ce mystère publiée, en 1863, chez Th. Clairet, à Quimperlé. Il est aujourd'hui en bien mauvais état, tout crasseux et souvent illisible, par suite d'un long usage.

La Vie de Jacob et de ses fils. — Deux manuscrits cousus ensemble, écrits de mains différentes et qui se complètent réciproquement. Le premier, qui est de l'écriture de Jean le Ménager, de Pluzunet, va jusqu'à la tentative de séduction de la femme de Putiphar sur Joseph. Il se compose de 26 feuillets ou 52 pages de 26 lignes à la page, en moyenne, non numérotées, sans prologues ni épilogues. Il n'existe pas non plus de désignation d'actes, ni de scènes, de sorte que la pièce n'est tout simplement qu'une histoire dialoguée. — Un second manuscrit, plus ancien, prend les choses au point où les a laissées le premier et se termine au passage du Jourdain par les Israélites, sous la conduite de Josué.

Ce second manuscrit, en fort mauvais état, au commencement, et presqu'illisible pendant 18 feuillets ou 36 pages, est mieux conservé et d'une lecture assez facile, de la page 117 à 146, où il devient encore indéchiffrable, ou peu s'en faut, pendant 6 pages. Puis, il ne présente plus de difficultés sérieuses jusqu'à la fin. Il a en tout 28 feuillets ou 56 pages. Il existe à la fin une lacune de un ou deux feuillets, qui peut être facilement comblée, car les manuscrits de ce mystère ne sont pas rares, et il en existe au moins un parmi ceux que j'ai déposés à la Bibliothèque nationale. M. Emile Souvestre en a donné une analyse, un peu embellie, selon son habitude, dans ses *Derniers Bretons*.

Puis vient, dans le même cahier, sous la même couverture de cuir noir, l'Histoire de Moïse, tirée de la sainte Bible, avec une lacune peu considérable, au commencement, et facile également à combler, les manuscrits de ce mystère, ou plutôt de cette histoire dialoguée, n'étant pas d'une grande rareté. La collection de la Bibliothèque nationale en a aussi une copie, que j'ai trouvée au Vieux-Marché, près Plouaret.

Les cinq premiers feuillets de ce 3e manuscrit sont d'une lecture assez difficile ; le reste, sauf 4 ou 5 pages, plus crasseuses et plus effacées, se lit facilement et est même d'une belle écriture d'expéditionnaire ou de clerc de notaire. Comme dans la pièce de Jacob, il n'y a aucune division par journées, ni actes. — Point de prologues non plus, ni d'épilogues. Les deux pièces, d'ailleurs, pourraient être du même auteur, et je les ai presque toujours rencontrées dans le même cahier, à la suite l'une de l'autre. — 58 feuillets ou 116 pages non numérotées, avec 42 lignes à la page, en moyenne. La langue, qui est du dialecte de Tréguier, et la versification, quoique parfois légèrement altérée par le copiste, sont généralement bonnes. L'auteur du mystère devait être un homme instruit, un prêtre sans doute, et connaissait bien son histoire sainte.

Jacob et Moïse et la Création du monde, publiés dans le même volume, avec une traduction, formeraient une œuvre intéressante.

On lit sur le dernier feuillet du manuscrit, au recto, en belle écriture moyenne :

Ce présent livre appartient à moy, maître François Le Trivédy, de la paroisse de Pluzunet.

Fait ce jour, 1er octobre 1751.

Je soupçonne ce maître Trivédy d'être le copiste seulement et non l'auteur ; son écriture ressemble beaucoup à celle du corps du manuscrit.

Plus bas, et sur la même page, on lit encore : « Ce présent livre « appartient à moy, Yves Le Gallou, de la paroisse de Pluzunet. — « Fait ce jour, 1er octobre 1754. »

Plus bas encore : Anthoine Duval, de Pluzunet. Et sur le feuillet suivant : « Jean Le Ménager, fournier, du bourg de Pluzunet, l'année mil « sept cent quatre-vingt-douze. »

Ce sont les noms des personnes qui ont successivement possédé le cahier. Il m'a été cédé par Bertrand Le Ménager, fils de Jean Le Ménager.

Vie de sainte Nonne, manuscrit de la fin du siècle dernier ou du début de celui-ci ; le commencement et la fin manquent.

Ce mystère n'a de commun avec l'ancien mystère de sainte Nonne, publié par l'abbé Sionnet, que le titre et le sujet.

Mystère de la Création, endommagé au commencement. — Date approximativement de la même époque que le précédent. — On lit à la fin : .... a partient a moi Glaude Le Bihan, demeurant ..... paroisse de Pluzunet, au canton du Vieux Marchez ... departement du Cotes du Nord Jean Marie Allannic. Le Vieux-Marché ayant cessé d'être canton, à la Révolution, le manuscrit est antérieur à cette époque.

Collection de M. L. Bureau.

M. Léon Bureau, à Nantes, possède des mystères bretons manuscrits qu'il a acquis de feu J.-M. Lejean, instituteur et poète breton. Ces mss. sont du XVIIIe siècle, la plupart de la fin.

Tragedien ar Hiniveles ar Mabic Jesus, en Brezonec. Pet. in-fol. A la fin, des Noëls bretons.

Nabuchodonozor, in-fol.

Le dernier Jugement : représentation du dernier journée de ce monde. Comancé ce jour 13 octobre 1792.

A la fin : fait ce jour 12 pluvios l'an 2e de la Répuplique française un est indivisible. — Et sur une feuille blanche : Ce livre appartient à moi Jacques Yves Lefloch, de la commune de Treglamus. In-fol.

Tragedien sant Guillerm en brezonec commencet ar seictec a vis meurs mil vis cant onnec, 1811, a François Derrien de Guerlesquin.

A la fin. Copié par moi, François Derrien, de la ville et paroisse de Guerlesquin, despartemant de Finistaire, ar rondissement de Morlaix, canton du Pontoux. Fini ce jour, traize juin mil vuit cent onze.

Vie de sainte Anne, petit in-fol. incomplet au commencement. Contient aussi des cantiques.

A la fin de la pièce : du vingt-huit janvier mil sept cent quatre-vingt. Ce jour vingt-sept juillet lan quatriesme de la Liberté mil sept cents quatre-vingt-douze.

Ce ms. porte en plusieurs endroits, et d'une autre main, la signature de Jacques-Yves Lefloch, de Tréglamus, avec les dates de 1794 et 1795.

Dans ce ms. les nasales finales sont écrites *af*, *if*, etc.

La Passion de Jésus-Christ, en forme de tragédie, en breton. 2 cahiers pet. in-fol. Incomplet. L'un d'eux porte sur la couverture cette note : Le présant appartient à Yves Pastol fils.

La Résurrection de Jésus-Christ en forme de tragédie en air bretton. Pet. in-fol.

A la fin on lit : ... pres... livre a esté escript par Yves Pastol demeurant au village . . . . . en l'eveschê de Tréguier. Ce jour vingtiesme juin mil sept cent vingt huit.

Sainte Geneviève. Incomplet. In-fol. XVIIIe siècle.

La Création. Incomplet. In-fol. Porte sur une page la signature de Jacques-Yves Lefloch.

La vie du grand prophète royal David fils de Jesse de la tribu de Juda et qui fut roy sur Israel et l'istoire de Saul fils de Zif, de Bejamin qui fut le premiere roi sur Iserael et la vie du prophete Samuel le tout de l'histoire de l'ancien Testamant. In-folio. Porte en plusieurs endroits la signature de Jacques-Yves Lefloch.

Collection de M. G. Milin.

M. Gabriel Milin, à l'île de Batz, nous communique la note suivante sur les mss. en sa possession.

1° La Passion de Notre Seigneur Jesus Christ tirez en forme de tragedie en vergees breton. Plouezec le trente may 1802 et suivant ou le 10 prairial an 10. Dialecte de Tréguier, petit cahier format in-4° carré ancien.

2° La vie des quatre fils Oym (illisible). Dialecte de Tréguier, sans date, mais d'une écriture ancienne, excepté les quatre premières feuilles qui sont d'une main récente. Deux noms s'y trouvent cités : celui de Joseph le Cerf, tiserand (*sic*) en Plouézec et Le Calvez de *Coadia* ou *Cordia;* le nom de ce dernier est après 6 signes d'écriture chiffrée au bas du feuillet 43 v°.

Ce manuscrit a 166 feuillets d'une écriture ancienne serrée de format petit in-4° carré.

3° Un gros manuscrit in-folio de 302 pages sans nom ni titre, mais que je crois être une tragédie de David. L'écriture ne me paraît pas être ancienne. Ce manuscrit est du dialecte de Tréguier.

4° Resit ha bue an otro sant Guarun ?? ha sant Dénes (peut-être Denis ?). Plus haut est écrit de la même main « set livré apartien et fait par moy Ollivier Le Calvez de Plouezec et fait a l'an mil vit san deux aux lan onst (onze ?) de la republic franssé ». — 131 pages in-folio, dialecte de Tréguier.

5° Tragedie santes Julite ha santt Cire he map e breton tennett ag er martiriloge romain hervée en actu vets quetan phastt pehani a zo scrihuette ar terh en bl... 1430 petremantt er blée 403. — Jean Leluhern de Treffleau. — Sur le recto de la première 1/2 feuille déchirée on lit : Tragedy santes Julit ha sant Cire he ... Jean Le Luhern demeurant a Klimoto en Treffle ... quanton d'Elvein a ronssement de Vannes departement du M..... 1830. — Sur le verso de la même 1re 1/2 feuille déchirée on lit : Jean Le Luhern demeurant au village de Kerbihan quanton d'Elvein ..... departement du Morbihan. Jean Le Luhern natif de Treffleau faitt a Treffleau le 12 may 1817. — Dialecte de Vannes, in-folio.

6° Passion ha marhue hon Saluer Jesus Chriet (*sic*) en acterion. A la fin du manuscrit, Ar prologuer devehan, dernière page, on lit : Mathurin Guyot demeurande dans la paroisse de Saint-Nolf en Saint-Nolf. Dialecte de Vannes. In-folio.

7° Manuscrit breton de Tréguier à la fin duquel je lis le nom de Jacques Le Caussin 1803 et le nom de Hervé Le Calvez 1799. — Ce manuscrit est sans titre. Je crois que c'est la tragédie de l'Antéchrist ; il a 174 pages in-folio.

8° La vie de saincte Treffine reinne de Bretaingne. Dialecte de Tréguier, 126 pages in-folio. — A la fin de la 126e page, on lit :

« Fin a la vie de sainte Tréfin, Renne de Bas Bretangne. Ce livre apartien a André Le Cozannet d'Yvias, canton de Paimpol. »

9° La vie de Robert fils le duc de Normandi et de Severij de Bourgongne tirez en forme de tragédie par moi Joseph Le Cerf. 160 pages. A la fin de cette 160e page on lit : « finit coronat... Le 2 floreal... la republique fransés 1797... et plus bas le nom de le Calvez. — Dialecte de Tréguier.

10° Bue Jacob hac e vugale assambles gant istoar Moyses en verjou breton en forme a dragedien, salud ha reverans. A la fin du manuscrit de 288 pages in-folio, on lit : ce livre appartien a un homme qui n'est ny pretre ny moinne, mais en cas de perdistion Vincent Gouarin est son nom. Dialecte de Tréguier.

11° La vie de saint Laurent martir, de 241 pages in-folio. C'est le manuscrit le plus lisible. — A la page 187, on lit en marge le nom de

Mazevet, Ollivier de Ploumagoar, et à la page 240, Jacques Enien. Il n'y figure aucune date. — Dialecte de Tréguier.

Les auteurs de toutes ces tragédies étant ignorés, et leurs manuscrits, d'autre part, ayant été copiés et recopiés par différentes personnes qui s'attachaient à reproduire moins fidèlement la langue que l'ensemble du récit, il serait aujourd'hui presque impossible de fixer même approximativement la date de leur composition. — Un petit indice me ferait pencher à croire que le n° 1, la Passion de Notre-Seigneur, serait un des plus anciens comme composition. Cet indice est que le titre de cette tragédie et tous les intermèdes du commencement à la fin sont écrits à l'encre rouge, sans doute pour imiter davantage l'original qui, peut-être, était en gothique. Ce cahier, d'une écriture compacte et généralement lisible, est sans pagination ; il peut avoir près de 200 feuillets. A la fin de la dernière page il est écrit : « Fait à Plouezec le 16 janvier 1803 par moy Vincent Gouarin fils d'Yves, demeurant pres la Magdalaine, ou le 26 nivose an II de la republique. » Cette écriture est en lettres rouges. Ce manuscrit est certainement une copie faite sur un original qui n'offrait aucune ressemblance avec le Grand mystère de Jésus de M. de la Villemarqué, ni comme plan d'ensemble ni comme versification. Il est possible cependant que ce grand mystère ait donné l'idée de cette seconde composition, mais l'auteur de celle-ci n'ayant sans doute à sa disposition ni le temps ni les moyens intellectuels de l'auteur du Mystère de Jésus aura cru bien faire en donnant à son sujet un plus grand développement. (Notice communiquée par M. Milin.)

Collection de M. Emile Picot.

Cette collection, acquise, en 1875, d'un ancien acteur breton de Morlaix, nommé Plassan, provient originairement de trois chefs de troupes : Job Coat, Joseph Coat et Auguste Le Corre.

I.

Bué ar brinces Caër a vertuzus Mathild a Vrosoz. Ms. in-fol. de 42 ff. exécuté par Job Coat, de Morlaix.

Le ms. porte les deux dates de 1827 et 1838.

Bue Herodes Ascalon ac ini e Briet. Ms. in-fol. de 31 ff. exécuté par Job Coat, de Morlaix, en 1834.

Bue santesses Theodorine, guerhes a martires, dindan Valens, roue a gouverner deus ar Sirie ac ar Palestine. Gred ganeme Job Coat en fine mis choervrer 1842. En Montroulles echom eru ar Vur n° 14. Ms. in-fol. de 45 ff.

Les personnages sont au nombre de 10.

La copie, qui est assez bonne, n'indique pas les noms des acteurs.

Vue sant Georg. — Vue sant Cripin ac ini gompagnon Cripinian. Ms. in-fol. de 36 ff., exécuté par Job Coat.

Tragedie Ourson a Valentin. Ms. in-fol. de 31 ff., exécuté par Jos. Coat, de la paroisse de Sainte-Vachée.

Le commencement du prologue manque, ainsi que la fin du texte.

Ginoella, duchess ar Vrabant. Ms. in-fol. de 29 ff., exécuté par Job Coat, à Morlaix, vers 1830.

Bue Ollier deus Montrevel, chevaillier a Franc, a roue er Montagnou. Ms. in-fol.

Pièce composée par Job Coat, de Morlaix. L'action se passe sous Charles VI, ce qui n'a pas empêché de mettre sur la scène le chevalier Bayard.

Cahier a vue Geraldi pe an a Feunteun Santes Catell, componet gan en tragedi. Ms. in-fol. de 41 ff., exécuté par Job Coat, de Morlaix.

Fragments de diverses pièces copiées par Job Coat. 10 ff. in-fol.

Ces fragments sont : 1° un morceau de *Mithridate*, qui paraît avoir été traduit d'après Racine ; 2° le début d'une pièce sans titre dans laquelle figurent : *An Duc Scor, Ar Hadis, An Duques Cesil* et *An Hursier ;* 3° la fin d'une pièce où figurent *Sozime* et *Marie Egiptiannes ;* 4° des cantiques sur saint Richard, sainte Catherine et sainte Marguerite (1826) ; le début d'une pièce intitulée : *Ar Princ Tachomas.*

II.

Cahier Tragedie a vue ar brinces Clotild, quenta rouanes christenn a so bet en France. Ms. in-fol. de 29 ff. exécuté par Joseph Coat, de Morlaix, en 1834.

Brigantet an Estramadour pé Orphélin ar forest, laquet en verziou brezonec dré Auguste Le Corre. Comancet ar 15 avis kerzu er blaves 1842. achuet ar 25 avis héré 1843 ; represantet evit ar vech quenta en 30 avis kerzu 1844. 4 cahiers en un vol. pet. in-4°.

Chaque journée est accompagnée de la distribution.

Voici les noms des acteurs : Le Goff, Baud, Plassard, Dumoulin, Michel, Guiguen, Baillet, Guernigou, Kautret Yver, Kautret François, Richard, Boga, Jacquettie.

A la fin de la 1re journée la copie est datée de 1860.

Martha, sœures hospitalieres deus ar Guer a Gen en Italie ; gred ganeme Joseph Coat. 1857. Ms. in-fol. de 42 ff.

III.

Trajedy composet ganeme var sujet eur duq Pious a oenet anvet Glorius. Ms. in-fol. de 44 ff., exécuté par Auguste Le Corre en 1831-1832.

Pièce jouée par Le Goff, Baillet, Baud, Kerautret, Pot Loc, Corvezy, Dumoulin, Le Corre, Guegen, Boga, Richard et Jinof.

Tragedi brezonec : ar Vinjans, 1776. Texte retouché par Jean-Auguste Le Corre et écrit par lui en 1836. Ms. pet. in-4° de 45 ff.

Cette pièce n'a aucun rapport avec la destruction de Jérusalem ; c'est un drame tout moderne.

Adelaid, pe Amitie a Respect edivo e quever ezad ar homt Jaques de Lichtemberg i par Jean Auguste Le Corre née (*sic*) à Lannion le 23 août 1807. Ms. pet. in-4° de 56 ff., fini le 17 « jenvier » 1837.

Cahier Tragedy institutes : Ar Prinz tartar, gret dre Auguste Le Corre, 1844. Ms. pet. in-4° de 76 ff.

Chedoni. Ms. pet. in-4° de 40 ff., exécuté par Auguste Le Corre.

Pièce représentée pour la première fois en 1846 et reprise en 1860. Les acteurs de 1846 étaient : Le Corre, Le Gall, Godin, Madec, Le Simor (?), Le Roux, La Forêt, Le Jean, La Dru. Les acteurs de 1860 étaient : Le Goff, Guegen, Kerautret, Plassart, Pot Loé, Pot Teo, Pot Lannion, Baud, Dumoulin, Richard, Boga et « la juene actrice ».

Tragedi an douzec Tad (*sic*) a Franc pe conquejou Charlamagn ar Spagn. Ms. in-fol. de 62 pp., exécuté par Auguste Le Corre, en 1848.

Mystère des SS. Crépin et Crépinien. Ms. in-folio sur papier. Fragment.

M. l'abbé Le Mené, chanoine à Vannes, possède un mystère breton manuscrit sur lequel il nous écrivait, en date du 5 janvier 1877 :

« Je possède une tragédie bretonne sur la Passion de N. S. J. C. en cinq actes et 2086 vers. Je l'ai vu jouer moi-même dans ma paroisse natale de S. Nolff en 1843. C'est un véritable bijou littéraire, du dialecte de Vannes : il y a des passages vraiment poétiques, notamment la prière de N. S. au jardin des Oliviers. »

M. l'abbé Le Dain, recteur à St-Géran, Morbihan, possède plusieurs mystères manuscrits, parmi lesquels le suivant, en dialecte de Vannes :

Tragedie Sant Loeis Roué à France, trancrivet dré Loeis Bellec a Kergoual er blé 1825. Ms. pet. in-fol. — A la fin on lit : trancrit par Louis Bellec, 1826.

APPENDICE

I.

LIVRES POPULAIRES.

Comme spécimen de la littérature du colportage, nous reproduisons les catalogues de deux librairies qui ont cette spécialité. Le premier catalogue, de Lédan à Morlaix, date de la première moitié du siècle ; le second, de Le Goffic à Lannion, était en distribution en 1871.

Levriou pere a gaver e ty Lédan, imprimer-librer, e traòn ru ar Vur, e Montroulez.

Deveriou ar C'hristen, elec'h ma caver oll Offiçou ar Suliou, ar bloa, etc.

Imitation hor Zalver J.-C., laqet e brezonec gant eur Béleg a Cuerne, reizet mat.

Curunen ar Verc'hez, Pedennou, etc., evit ar Merc'het hac ar Graguez Christen.

Imitation ar Verc'hez santel, var model Imitation J.-C., Pedennou evit an Oferen, etc.

Instructionou Christen evit an dud Yaouanq, Historiou ac Exemplou edifiant.

Abrege eus an Aviel, gant Meditationou, Testeni gùirion an Aviel, etc.

Instructionou profitabl evit an oll (*Ar Sonjit Ervad nevez*), etc.

Abrege pratic eus an Doctrin Gristen, troet eus a hini gallec an A. Couturier.

An Devez Mad, pe léçon da zantifia an devez, laqet e brezonec evit utilite an oll.

Reglamant a Vuez, evit an dud divar ur meaz, Pedennou, Taulennou an Oferen, etc., etc.

Levric an Æl-Gardien, evit usach ar Yaouanqis Christen, gant Taulennou, etc., etc.

Catekismou Leon, Treguer ha Qerne. — Ar memes Catekismou e gallec.

Canticou Spirituel, evit ar Missionou, Retrejou ha Communion ar vugale.

Mellezour ar C'halonou, pe Examin a Goustianç. — Litaniou ar maro mad.

Canticou Nevez, evit usach ar Missionou, ar Retrejou ha Communion ar vugale.

Catekis historic, pehini a gompren an Abrege eus an Histor Santel.

Hent ar Groas, pe Stationou ar C'halvar. — Ar memes Levr e gallec.

Levric ar Belerinet devot da Santez Anna Venet. — Buez Joseph.

Instruction var an Devotion d'ar Galon Sacr a Jesus.

Antretien entre eur Missioner hac eun Touer Doue. — Offiç S. Viçant a Baul.

Pedennou evit an Azvent hac ar C'horaïz. — Ar memes Levr e gallec.

Pastoral var Guinivelez J.-C.; Massacr an Innoçant ha Nouelliou[1].

Instruction var Breuriez ar Scapuler. — Hirvoudou ar Profet Jeremi.

Instructionou hac Orêsonou devot evit asista en Oferen Santel.

Instructionou var Breuriez ar Rosera, ha Billejou. — Ar memes re e gallec.

Chapeled, pe Curunen hon Zalver J.-C.

Reflexionou Christen var Revolution Franç, gant an A. Lay, epad e exil.

Levriou plat; A, B, C, pe Croisic an Han' Doue, e latin hac e gallec.

— Buez ar Zent; — Heuriou ar Bris; — Finvezou diveza; — Ar Vuez Devot; — Collocou ar C'halvar; — Hent ar Barados; — Ar Rosera; — Boqet ar Mission; — Mis Mari; — Hac a bep seurt Levriou all, brezonec, latin ha gallec.

— Simon a Vontroulez; — Buez ar Pêvar Mab Emon; — Tragedi Jacob ha Trajedi Moyses; — Buez Robert an Diaoul, Duc a Normandi; — Sarmon var ar Vesventi, rimet evit instruction ar Vretonet, er bloa 1839; — Ar Bonhom Mizer; — Collocou gallec ha brezonec, reizet mad, ha cresqet eus a un action a lealentez; — Mestr Pierres, pe Den güiziec ar bourg, Antretiennou var ar System Metric; — Collocou familler, pe an Den Expert; — Conferançou curius, util hac interessant, evit amuzamant ha descadurez an dud divar ar meaz; — Michel Morin; — Ar Pautr Côs Richard; — Ar Buguel Fur; — Ar Buguel Fur da dri bloas; — Pautr ar Butun; — Fanch-Côs, pe Perac hac Abalamour, ha Michel Pipi, pe ar Farcer Breton; — Armanagueyer brezonec ha re gallec, etc., etc.

Catalogue des Chants bretons qui se trouvent à la librairie Ve Le Goffic, à Lannion.

Chanson ar C'homereset. — Kanaouen var eur Bêlevad erruet gant daou den yaouank, er gær a Vontroules, da verc'her al ludu.

Cantic spirituel (reformet er blavez 1857) en henor d'an Itron Varia deus ar Goz-Yeaudet.

Son ar Garante Barfet.

Gwerz war sujet ar C'horf hag an Ene. — Guerz en henor d'an Autrou Sant Maudez, ermit, patron deus a baros Lanmodez ha deus paros Cotascorn.

An Disput choquant, savet entre diou Blac'h yaouanc.

Guers græt a neve en henor da Sant Mauriç.

Ar Spilen. — Chanson Nevez, composet var sujet daou Den Yaouanc.

Bassion hon Salver Jesus-Christ.

Kanaouennou diveruz, diwar-benn eur C'habiten a lonkour hag e ékipach oc'h erruout oar gwél ann douar a Breiz goudé eur véach hir.

Nouel nevez, composet en henor da Nativite hor Zalver Jesus-Christ.

Reproch d'ann Tado ha d'ar Mammo. — Act ha Reconnaissanç, groet enn

1. Ceci est le petit livre mentionné plus haut, p. 315.

henor da Vari, deuz tout ann oll Victoario a neuz gonect Napoleon, a boez ma man var an tron.

Chanson composet var sujet an Dansou hac an Tennadegou. — Chanson Nevez, composet var sujet daou Den yaouanc.

Cantic Spirituel var Jujamant an Den er Varn general, troet a latin e brezonnec. — Cantic spirituel evit ar Mission.

Gwerz Garen ar Bris. — Ar Memes Tra.

Kuzunen aour ann Itroun Varia Vir-Zicour.

Cantic Nevez, hac exempl a so bet arruet gant daou Zen yaouanc maleurus, pere a devoa insultet ar Sacramant Adorabl eus an Auter. — Cantic Spirituel, composet a nevez en enor d'an Itron Santez Barba, ha var eur Maleur arruet e Roazon, troet a c'hallec e brezonnec.

Chanson nevez var sujet an Ellerien, principalamant var sujet an Tocquou. — Chanson var sujet ar Livitennou.

Chanson Neve var sujet ann Eferrien.

Guerz truezus Santiago, var sujed an Drouc-eüriou c'hoarveet au eiz a viz quetzu er bla mil eiz can tri a tri-uguent en iliz deuz ar Chili. — Kantik Sant Ervoan.

Son ar Butun. — Chanson Neve, composet gant ar Cloarec, evit disqueuz ar vantr-calon en eus santet eus a zemezi e Vestrez.

Bue Mari.

Cantiq voar vue Sant Ervoan.

Chanson Neve.

Cantic Mission parroz Cavan, er bla 1864.

Cantic Santez Genovefa a Baris. — Cantic Santez Thecla.

Grég ar Merdéad (la Femme du Marin).

Brezel an Itali 1859. — Intaon al Lochen.

Disput entre an Dour hac an Tan. — Chanson Nevez, groet voar sujet ar Chimiq.

Guerz, græt gant Per An Yann, var eur Maleur arruet e Quemper-Corantin, da sul ar Baçzion. — Recit, composet a nevez var sujet ar Malcurus an eus tennet var ar Crucifi, en departamant a l'Oorn.

Chanson Sérius, vit hon exortin d'ar Mad ha dilezel an Drouc. — Chanson var sujet an Danserez.

Cantik Spirituel, en gloar Doue hac an Itron Varia Kerdevot, pehini deuz eur Chapel caër en parous Ergue-Vras en quichen Quemper-Caoutintin, e pehini e ra bemdez Miraclou bras.

Cantic voar Vue an Autro Sant Gonery, pehini an deus e Chapél hac e Relegou en parous Plougrescant. — Missioun ann Tad Rot (ebrel 1856).

Conversion Sant Augustin.

Chanson ar Beder Vestrez. — Meuleudi Itron Varia Breiz.

Récit composet a neve var sujet eur Malheur erruet en parous Pleuveur-Bodou, e miz c'houevrer 1844.

Chanson var sujet ar C'Hizou nevez.

Cantic evit Mission Sant-Quay.

Chanson an Dançou.

Cantic en henor d'an Itron-Varia-ar-Victoiriou en parous Plouriou, ac en henor d'an Itron-Varia-Kcranrous en enez Briad, patronez ar Vartolodet.

Curunamant ann Itron Varia-Guir-Sikour, e Gouengamp.

Kimiad eur Pelerin.

Cantic an Otro Sant Roch.

Guerz composet a neve d'an Itron-Varia-Guir-Sicour, a Voengamp, bars ar bloas 1859.

Cantic Spirituel, en enor an Itron Santes Anna ar Palud, eur plaç santel a so en Escopty Querne e parres Plonevey-Porsay, a dost d'ar mor. — Cantic a Veuleudi d'an Itron Santez-Anna, enoret e parres Plounevez-Porzay, e chapel ar Palud, a dost d'ar mor.

Chanson Nevez var sujet daou Zen yaouanc pere en em garc gant fidelite.

Cantic spirituel en enor da Sant Iia-Badezour.

Cantic ar Gananeen.

Chanson var sujet an Audivi.

Guerz Nevez voar sujet eun Den Charitabl.

Disput entre an Ini Goz hac an Den yaouanc. — Peden ar Mousik bian d'ar Werc'hez. — Canaouen Neve, gret enn henor da beder Dimezel yaouanc.

Guerz enn enor da Relegou sant Valantin, roet gant hon Tad santel ar Pab d'ar guær a Rostrenn, enn Breiz-Izel.

Cantic neve en enor d'an Itron Varia an Aerch, patrones Kerbors. — Chanson nevez, groet var sujet daou Den iouuan persecutet gant eur goel deod.

Damon ha Heriet, chanson Moral.

Cantic santez Anna Vened.

Guerz neve Adam hac Eva.

Guerz var sujet Distro eun Den yaouanq, partiet gant ar guenta requisition. — Disput etre ar Maro hac an Den yaouanq.

Disput composet a nevez entre ur C'hereer hac ur Botoer coat. — Ar Vran hac ar Louarn. — Parc ar Vingleuz.

Chanson Neve var sujet eur bromese fervant hac eur Separasion etre daou Den iaouank.

Chauson an Amitie sincer, composet gant eun den yaouanq deus canton Boulbriac.

Iliz ma Farroz. — Plac'hik Eussa. — Telen Remengol.

Cantic spirituel var sujet ar Brinces Judith, pehini a zibennas Holofernes, roue an Egypt, dirac kæer Bethuli.

Kloarek Coat ar Rannou, ha Penn-herez Kerzanton. — Ann Hini a garah.

Chanson an Diaoul Arc'hantet. — Kimmiad etre daou Zen yaouanc.

Cantic var ar Berejou.

Cantic Spirituel var ar Separation eus an Ene eürus hac e Gorf. — Guerz an Ene daounet.

Chanson an Durzunel. — Chanson Nevez, composet gant un den yaouanc, euz a bares Briec, voar sujet e Vestrez, pehini e c'har gant un amitie barfet.

Kurunen aour ha perlez ann Itroun Varia Remengol, kurunet ann 30 a vis mae 1858, enn hano hon Tad santel ar Pab Pii Nao.

Recit composet a neve var un Tol Vaillantis. — Recit deus ar Maleurio arruet en departamant ar Var, en dro da Sant-Etienne, occasionnet gant an orach.

Mari beg a rog ha fri partout. — Chanson Nevez.

Kantik zant Ervoan.

Chanson composet a nevez etre ann Den Interesset hac an den Fencant. — Chanson Nevez var sujet ann Everezet.

Guerz an Itron-Varia-an-Enez, a baros Goudelin.

Chanson ar Plac'hic paour ha fur. — Chanson Cloarec Pempoul.

Chanson ar Plac'h figus.

Chanson eur C'horn bras Populou, composet a nevez gant eun den a Bleuveur-C'hautier, hanvet Yan An Minous.

Guerz ar Seiz Sant, en parous ar C'hos-Varc'hat.

Cantik en enor d'an Itron Varia ar Sclerder.

Chanson var sujet ar C'hisiou neve.

Iliz miraculus an Itron Varia Remengol, savet gant ar Roue Gralon, goude ma oa beuzet kær Is.

Ar goal Deotou.

Kimiadou eur Martolod a Vreiz. Peden ar Mousik bian d'ar Werc'hez. — Kimiad eur C'honscrit.

Rancontr a joa etre daou Den yaouanc en Naonet, ha Separ a c'hlac'har en ker Lavalette. Peden ar Mousik bian d'ar Werc'hez. — Canaouen Neve, groet en henor da beder dimezel yaouanc.

Gonversion Mari-Madalen.

Buez santez Genovela a Vrabant. — An Æl hac ar Bugel.

Guerz ar roue Gralon ha kær Is.

Abrege deus ar Varn general pe ar Jugeamant diveza.

Chanson ar Pevar Elemant.

Chanson ar Seiz Squient naturel.

Kanaouen neve, groet gant Ian An Minouz, diwar-ben ar Ridelaer hag ar Piker men.

Guerz nevez. — Disput etre an Otrou hac ar Paysant.

Zon Tolen ar laouankis, komposet war zujet eur Zoudard hag he Vestrez.

Kantik spirituel var Vuez ann Aotrou Vianney, belek.

Histor admirabl eus a Vuez Santez Helena. — Cantic ar Burete.

Guerz var zujet Merzerenti zant Adrien.

Chanson ann Ezec'h. — Chanson Nevez, composet var sujet eur Plac'h yaouanq.

Canton an Itron-Varia-a-Vulat, pehini e deveus un Ilis gaer e parres Pestivien.

Cantic en enor da Sant Joseb.

II.

IMAGERIE POPULAIRE.

Nous n'avons pu nous procurer, jusqu'à présent, qu'un petit nombre de pièces, qui toutes ont été éditées par Ch. Pierret fils, à Rennes. Nous serions obligés à ceux qui voudraient bien nous signaler les images populaires *imprimées* en Bretagne, et aussi les livres populaires sortis des presses bretonnes.

SAINT CADO. Rennes, imprimerie Oberthur, 1863.

Saint Cado offrant au diable le chat qui, le premier, a passé sur le pont; colorié, et d'un sentiment archaïque.

SAINTE HÉLÈNE. Imp. Oberthur, 1871; colorié.

Largement et naïvement conçue, cette image a le caractère d'un ancien bois.

SAINT DURLO, abbé. Imp. Oberthur, 1873.

Image coloriée, largement traitée.

NOTRE-DAME DE CLARTÉ, coloriée. 1872, imp. Oberthur.

NOTRE-DAME DE LA DÉLIVRANCE, protectrice des marins. Imp. rennaise, 1873.

Gravure coloriée représentant une vierge dans les nuages au-dessus des flots.

NOTRE-DAME D'AVESNIÈRES, près Laval, coloriée. Couronnement du 9 mai 1860. Imp. rennaise, 1873.

SAINT PHILIBERT, abbé. Imp. rennaise, 1873.

C'est le même bois que celui de saint Durlo.

NOTRE-DAME DES FLEURS, patronne des laboureurs, coloriée. Imp. rennaise, 1873.

NOTRE-DAME DE QUELVEN. Imp. rennaise, 1873; coloriée.

SAINT CORNÉLY, patron des bestiaux. Imp. rennaise, 1873; coloriée.

Cette image, naïvement traitée, semble un bois ancien.

SAINTE ANNE D'AURAY, patronne de la Bretagne. 1873, imp. rennaise.

Cette image, quoique moderne, est d'un sentiment archaïque; elle porte au bas une inscription française et une inscription bretonne.

NOTRE-DAME D'ESPÉRANCE DE PONTMAIN. Imp. rennaise, 1873.

Au bas est rapportée la légende de Pontmain.

LE JUIF ERRANT, signé Ch. Pierret; colorié. Imp. rennaise, 1874.

LE CHRIST A LA TRINITÉ, colorié. 1874, imp. rennaise.

Cette image, très naïve, a un caractère archaïque et est probablement un ancien bois.

Cette description a été faite d'après les pièces que M. Lucien Decombe a bien voulu nous envoyer en communication.

Imprimerie Daupeley-Gouverneur, à Nogent-le-Rotrou.

www.ingramcontent.com/pod-product-compliance
Ingram Content Group UK Ltd.
Pitfield, Milton Keynes, MK11 3LW, UK
UKHW020346250726
13967UKWH00005B/2142